JN335965

哲学書概説シリーズ V

ヘーゲル『大論理学』

海老澤善一 著

晃 洋 書 房

シリーズ刊行にあたり

このたび「哲学書概説シリーズ」を刊行することになりました。

先の見えない複雑な時代になればなるほど、ひとは考える営為を要し、判断力を養わなければなりません。今こそ哲学の名著を繙き、基礎的思考モデルを東西の叡智に学ぶときではありませんか。

この度の企画は、こうした時代的状況下にあって、改めて見通しの立て難い世界の下での人間の生きざまを顧慮しつつ、特に人生の岐路に立ち竦む若者たちのためになされました。

それぞれの哲学者たちの代表的名著について、これまでおのれの生涯をかけて研鑽してこられた諸先生方に、そうした若者たちに呼び掛ける力強い言葉をお願いしました。紡ぎ出された言葉は、やがて練り上げられあなた方の思惟を形作ることになるでしょう。

困難なこの時代を把握するための思惟の力が、ここに目覚めるに違いありません。

編集委員　木田　元
池田善昭
三島憲一

目次

凡　例

一　大論理学のテクストからの引用はすべて新しい「哲学文庫」版により、左記の各巻のページを(14)や(39f.)のように記す。39f.は三十九ページと四十ページに跨るの意味である。この版が、現在最も信頼できる「大全集版 G.W.F.Hegel Gesammelte Werke」（そのページ数は哲学文庫版の欄外に記されている）を典拠にしており、しかも容易にまた安価で入手できると考えたからである。

・有論（序文と緒論を含む）*Die Lehre vom Sein* (1832). Neu herausgegeben von Hans-Jürgen Gawoll. Hamburg, Meiner, 1990 (Philosophische Bibliothek ; Band 385)

・有論初版　*Das Sein* (1812). Neu herausgegeben von Hans-Jürgen Gawoll. Hamburg, Meiner, 1990 (Philosophische Bibliothek ; Band 375)

・本質論　*Die Lehre vom Wesen* (1813). Neu herausgegeben von Hans-Jürgen Gawoll. Hamburg, Meiner, 1992 (Philosophische Bibliothek ; Band 376)

・概念論　*Die Lehre vom Begriff* (1816). Neu herausgegeben von Hans-Jürgen Gawoll. Hamburg, Meiner, 1994 (Philosophische Bibliothek ; Band 377)

一　主な邦訳書には次のものがある。初版の出版年を付す。入手可能なものには＊を付す。

(1)　鈴木権三郎訳　岩波書店ヘーゲル全集　上巻（有論）（一九三二）、中巻（本質論）（一九三五）、下巻は刊行されず。

(2)　武市健人訳　岩波書店ヘーゲル全集　上巻の一（有論）（一九五六）、上巻の二（有論）（一九六〇）、中巻（本質論）（一九六〇）、下巻（概念論）（一九六一）

＊(3)　寺沢恒信訳　以文社　1（有論）（一九七七）、2（本質論）（一九八三）、3（概念論）（一九九九）

＊(4)　山口祐弘訳　作品社　Ⅰ（存在論）（二〇一二）、Ⅱ（本質論）（二〇一三）、Ⅲ（概念論）（二〇一三）

一　その他のヘーゲルの著作からの引用は二十巻本選集（G.W.F.Hegel Werke. Redaktion Eva Moldenhauer und Karl Markus Michel, Suhrkamp, 1971）により、その巻数とページを2-78のように記すが、エンチュクロペディーと法哲学のように§から容易に理解できる場合は、その節番号のみを記す。

一　他の哲学書等からの引用に関しては　本文中に簡単に記す。

一　引用文中の［　］内の語は訳者（本書の著者）による補足であり、傍点はヘーゲルが強調しているものである。

はじめに

これから、ヘーゲル Georg Wilhelm Friedrich Hegel（1770–1831）の『大論理学 *Wissenschaft der Logik*』（第一巻「有論」1812、第二巻「本質論」1813、第三巻「概念論」1816、第一巻「有論」第二版 1832）について話します。この本の内容は、存在、本質、概念、無限、矛盾、反省など、きわめて抽象的で手触りの薄い事柄なので、とっつきにくい感じを与える。そこでまず、ヘーゲル哲学の体系のなかで大論理学がどのような位置にあるか、を説明します。

ヘーゲルは、哲学評論や哲学者の評伝（これら雑誌論文は彼の哲学に対する姿勢が具体的な人間を頭に置いて表明されているので理解しやすく重要なものである）を除くと、四冊の書物しか書いていない。まず『精神現象学』（1807）、そしてこれから説明する大論理学、間を措かずに書かれた『哲学的諸学のエンチュクロペディー概説』（初版 1817、第二版 1827、第三版 1830）、そして最後に『法の哲学綱要』（1821）である。これら四冊の書物は、次のようにイメージすると、その関連を理解できる。

精神現象学は私たちの意識の経験と人類の歴史を素材にしており、その豊富な内容を読むことはきっと心躍る体験を与えるだろう。個人の意識の成長と共同精神の発展の道筋を描くことは、知の純粋な境地（絶対知とか純粋学と呼ばれる）へと意識を浄化させることを目標としている。この険しい登山道を登り詰めると、大論理学という広い頂上に達する。ヘーゲルは大論理学を「創造以前の神の語り」あるいは「影の国」と言うが、そこには存在の青写真が描かれているのであり、理念と呼ばれる神、これがいくつかの存在の国々を経巡る旅の様子が描かれている。残りの二冊は教科書である。その名称（「概説」、「綱要」）からも分かるように、これらは読者が理解しやすいように短いパラグラフで書かれており、論理展開が分断されている点は否めない。ヘーゲルは到達した大論理学という雲上の頂きから、下の平地を眺めやって、エンチュクロペディー（諸科学の体系）を書いたのである。この教科書は「論理学（「小論理学」と呼ばれる）－自然哲学－精神哲学」の三部からなっており、大論理学で描かれた存在の「影」すなわち存在のネガフィルムを、実在する世界に投影したものです。最後の教科書、法の哲学は精神哲学の内、特に客観的精神を説明したものである。

　このようにイメージしてみると、ヘーゲル哲学の中心に大論理学が位置していることが理解できます。ギムナジウム時代（一八〇八年から一八一六年）を除いても、彼は大学教師としての二十一年間に、「論理学と形而上学」の講義（一八一七年からは「小論理学」をテキストに使った）を二十一回も行っている。これほど継続的かつ多数回、行われた授業はほかに見当たらない。そして、死の直前までその改訂を考えていたことからしても、ヘーゲルがいかに大論理学に強い思い入れをもっていたかが分かります。

大論理学の内容は六以下で説明します。有・本質・概念という三つの国を巡る存在の旅の道程は大論理学の「目次」によって理解できる。本書の終わりに目次を原語とともに表にして掲げておくので、道に迷ったとき、これを見て、今いる場所を確認していただきたい。

内容の説明（本論）に入る前に、大論理学が有する意義について述べます。まず、なぜ大論理学が書かれたのか、執筆の動機ですが、私は二つあると考える。フランス革命（一）とキリスト教（二）です。ヘーゲルは、フランス革命の体験によって現実の内に理性を見出すことが哲学の課題であることに思い至り、その理性をキリスト教由来の精神の概念によって理解したのです。法哲学序文に有名な（しかし誤解されがちな）次の文があります。

> 哲学は理性的なものを究明するものであるから、現存し現実的であるものを把握するものであって、何か彼岸的なものを立てることではない。（7–24）

私たちは現実というものを非理性的なものと考えたがる。青年ヘーゲルもそうであった。そう考えておれば、私は私の抱く理想を純粋に保持しつづけることができる。しかしそうすれば、理想は私の心の内にあるだけで、現実は私の理解不能なものにとどまる。大論理学は、後に述べるように存在論の本ですが、それが存在の真の認識でありうるのは、それが同時に、自らの生きている時代（現実）の理性的認識でありうるときのみです。ヘーゲルの生きた時代は、近代ヨーロッパの第二の秩序が出来上がりつつある流動の時代であった。そこで、ヘーゲルがフランス革命と、ルターの宗教改革から三百年を経たキリスト教に対して、どのような態度を示したか、を考える必要があります。そうすることによって、大論理学が現実の内に理性の活動を探求しようとした書物であることが分かるだろう。

次に三と四で、大論理学の主題と方法について述べます。大論理学の主題は形而上学（存在論）です。私は、ヘーゲルが存在論を完成させたと考える。つまり、大論理学は長い存在論の歴史に終止符を打つものです。四では、大論理学の方法、つまり弁証法について、形而上学が弁証法によってのみ完成されうることを説明しよう。エンゲルス以来、形而上学と弁証法は水に油のように相容れないものと考えられて来たが、そのような理解は少なくともヘーゲル哲学には無縁なものです。

（追記。本書は簡略なので、さらに左記の弊書も読んでいただければ幸いです。いずれも梓出版社刊）

・『ヘーゲルの「ギムナジウム論理学」』（一九八六年）
・『ヘーゲル論理学研究序説』（二〇〇二年）
・『対話　ヘーゲル『大論理学』』（二〇一二年）
・『ヘーゲル論理学と弁証法』（二〇一六年）

序　論

一　フランス革命

ヘーゲルは、ベルリーンからハイデルベルクにいる元の同僚クロイツァーに宛てた手紙（一八一九年十月三十日付）に、次のように書いています。

> 私はそろそろ五十歳になります。この三十年間、恐怖 Fürchten と希望 Hoffen の果てしない不安な時を過ごしてきました。そしてこの恐怖と希望がとにかく終わってくれと願ってきました。ところが、相変わらずこの状態が続いているのを見なければならないのです。それどころか、落ち込んだときはみなそう思うように、事態はもっと悪くなる、と考えてしまうのです。（Briefe von

und an Hgel, Hrsg. v. J. Hoffmeister, Meiner の書簡番号359）

ヘーゲルの生涯にはフランス革命とその後の紆余曲折が重ね文字のように書き込まれている。彼が「恐怖と希望」という相反する感情を持ち続けたことは、革命に見切りを付けることなく、どこまでも革命とその後の反動を自分の哲学の課題として考え抜こうという彼の意志を感じさせます。そこで、彼の生涯と革命の経過を重ねてたどってみることにしよう。

この手紙が書かれる三十年前、すなわち革命の勃発した一七八九年、ヘーゲルはテュービンゲン神学院の一年生であった。彼は、ドイツの多くの知識人と同様に、革命を「理性の革命」として熱狂的に歓迎した。しかも、彼には「第三のドイツ」（彼の故郷ヴュルテンベルクもそのなかの一つである）にも革命が波及するのではないかという期待もあった。その期待は同時にドイツの現状に対する不満を募らせるものでもあり、それを感じた諸邦政府の側は保守化の傾向を強めることになる。フランス革命は知識人に革命への希望を与えたと同時に、これから半世紀続くドイツの保守主義を誕生させたのである。

一七九五年、ヘーゲル二十五歳、ベルンで家庭教師の職に就いていた年であるが、フランスに総裁政府が生まれ、革命は終熄し、ドイツでは革命に関する関心が薄れてゆく。一八〇四年、ナポレオンが戴冠し、「フランス人の（神聖ローマ）皇帝」となる。一八〇六年七月、西南ドイツ十六州はナポレオンを「保護者《プロテクトール》」とするライン同盟《ブント》を結成、翌八月、皇帝フランツⅢは神聖ローマ皇帝を挂冠する。神聖ローマ帝国はここに潰えた。そして、プロイセンがフランスに宣戦を布告するのをとらえ、ナポレオンは半月の内にベルリーンに入城する。進軍の間に、ナポレオンはイェーナを通過する。イェーナ大学の員外教授であったヘーゲルは、ナポレオンと軍隊の砲撃を「眺め」、その様子をつぶさにニートハマーに書き送っている。彼にとって、ナポレオンは英雄であり、フランス軍は解放軍であった。手紙のごく一部を引用する。

> イェーナにて。一八〇六年十月十三日、月曜日。イェーナがフランス軍に占領され、皇帝ナポレオンが城内に到着した日に記す。……皇帝――この世界精神《ヴェルトゼーレ》――が街を偵察するのを見ました。この一点に集中し、馬に跨がり、世界を鷲づかみにし支配している、このような個人を見ることは、実にすばらしい体験です。……私が以前からそうだったように、今やすべてのひとがフランス軍隊の幸運を願っています。（書簡番号74）

ナポレオンのドイツ支配はドイツの近代化を促進することになる。ヘーゲルは一八〇八年晩秋から、バイエルンのニュルンベルクでギムナジウムの校長となる。彼の使命は、近代化を推し進めるモンジュラとニートハマーによる教育改革計画を、校長として実現させることにあった。一八一二年、ナポレオンはロシア遠征に向かう。この年に大論理学第一巻（有論）が出版された。ナポレオンは敗退する。三万五千の兵を送ったバイエルン軍の帰還者は三千人にすぎなかった。ヘーゲルの弟ゲオルク・ルートヴィヒも帰還しなかった。翌一九一三年、プロイセンとロシアを中核とした「諸国民戦争」でナポレオンは敗れ、パリに敗走する。この年、大論理学第二巻（本質論）が出る。一八一四年、パリは開城され、ナポレオンは廃位、エルバ島に流される。ヘーゲルはナポレオンの失脚を自分の人生における最大の悲劇と受け止め、ニートハマーに次のように書き送っている（一八一四年四月二十九日）。

> 法外な天才が破滅するのを見るというとてつもないことが起こっています。――これは、ありうる限り最大の悲劇です。凡庸な大衆の全体が、その絶対的な鉛のような重力でもって、休むことなく手加減もせずに押さえ続けて、優れたものを自分の水準にあるいはそれ以下のものに引き摺り下ろしてしまいました。これは［時代］全体の転換点であり、こうして大衆が暴力を手にして、合唱隊として頂上に居座ると、偉大な個性もそれに権利を与えざるをえなくなり、そうして自ら没落してゆくのです。（書簡番号233）

ドイツの近代化はフランスの直接・間接の制圧の下で行われた。近代化はフランス人による外部からか、あるいは旧支配層の内の解明派からか、進められたのだが、いずれにしろ市民層や「凡庸な大衆」の未熟さのゆえに、近代化は頓挫し、解放戦争の勝利によって保守派が力を盛り返すことになる。ニートハマーとヘーゲルが携わった教育改革も、カトリック派が教育委員会の主導権を握ったことによって、灰燼に帰した。ヘーゲルはニュルンベルクを去り、ハイデルベルク大学に移る。この一八一

六年に、大論理学第三巻（概念論）が出版された。（拙論「ヘーゲルの教育活動」参照）
精神現象学はナポレオンの絶頂期に書かれた。ヘーゲルは彼に「世界精神」を重ねた。大論理学はナポレオンの没落に寄り添うように書かれた。ナポレオンの没落と彼への哀惜、保守派の復活と反動への恐れを感じつつ、この三巻本は校長職の激務のかたわら五年の歳月をかけて出版されたのである。ヘーゲルがフランス革命とその後の帰趨に対して抱いた「恐怖と希望」、これが彼の哲学にどのように表されているのか、この点を考えてみよう。

「希望」は自由を生み出す理性の革命への期待であったであろう。では、「恐怖」とは何か。フランス革命そのものに対する感情でも、それがドイツへ波及することに対する懸念でもないことは理解できる。先のクロイツァー宛ての手紙が書かれた一八一九年三月、急進ブルシェンシャフトのザントによるコッツェブ殺害事件が起こった。これをきっかけとして、保守と反動の勢力が力を伸ばしてゆく。そして九月、カールスバートの決議が出された。この事件は教育改革が緒についていたプロイセンでそれまで予想だにしなかった政治的変化をもたらした。メッテルニヒは反動政策を推し進め、プロイセンの短い改革期は終わった。ヘーゲルの「恐怖」はこの反動的抑圧に対するものである。

しかし、ヘーゲルは希望と恐怖のいずれか一方の感情に身をゆだねることはなかった。革命はまた保守を生むのであれば、希望はまた恐怖を生むのである。革命の抽象性は、特にドイツにおいては、既成社会を二つに分裂させるものとなった。革命がドイツにもたらしたものは現実の分裂であったのである。しかしヘーゲルはこの分裂を解消しようとして政治闘争の渦中に身を投ずることはなかった。彼はその分裂の真相を哲学によって描こうとするのである。現実の分裂は哲学の必要性を、ヘーゲルに確信させたのである。総裁政府の混乱が続くころ、ヘーゲルは『差異論文』（1801）で、哲学者として生きようとする自らの立場を初めて明らかにする。哲学は現実の分裂によって目覚めるものである。そして、哲学の課題はその分裂のなかに絶対者を理性によって再び見出すことにある、と。

一八二〇年、ヘーゲルは法の哲学を出版する。この教科書は、反動に対して自分はどの立場を取るか、という決意の上に書かれている。その内容にここで立ち入ることはできないが「序文」を読めば、法の哲学が二つの点で大論理学と密接な関連を持っていることが分かる。両書ともその本質は、思弁的な（理性的な）知の体系であること（7–12）、そこから現実に対する哲学の立場を明らかにするものであること（7–24）、にある。

理性的であるもの、これは現実的である。
そして、現実的であるもの、これは理性的である。

この言葉が哲学に対するヘーゲルの立場を明確に表している。哲学は理性的なものを探求することである。そして、ヘーゲルによれば、理性的なものすなわち理念は、現実の内にすなわち理念の外的な在り方の内に、現れるものである。革命は歴史を分断した。その結果、過去に拠り所を求める復古・

保守と、反対に、未来に当為の対象を見出そうとする、あるいは歴史に目をつぶり自分の内面にのみ閉じこもろうとする、観念的態度を生む。いずれの立場にとっても、現実は偶然的なものとなってしまう。ヘーゲルはこれらの態度を「神に見棄てられた……人倫的世界の無神論」(7-16)と呼ぶ。そして、ヘーゲルは過去にも未来にも自分の哲学の根拠を置かない。彼は現実の内に、失われた神を求めるのである。「生半可な哲学は神から遠ざかる。真の哲学は神へと進む」(7-27)。

　哲学は理性的である現実を理解する。「哲学の課題は存在するものを把握することである。なぜなら存在するものは理性的であるから」(7-26)。これが「恐怖と希望」を体験しつつたどり着いたヘーゲルの立場である。「哲学は思想の内に把握されたそれの時代である」(7-26)、「国家は人倫的理念の現実である」(§257)という法の哲学の言葉は、大論理学の言葉で言えば、存在は論理的理念の現実である、と言い換えることができる。大論理学は存在の認識であるが、これが真理であるのは、大論理学がその時代、フランス革命についての理性的認識であるからである。

二　キリスト教

　次に、大論理学とキリスト教の関係を考えます。ヘーゲルは、存在認識の道を照し出すものが宗教意識である、と理解している。この宗教意識とはプロテスタンティズムの精神、つまり「人間が自分の内にありつつ、神のもとにあるような場、これが人間の心の奥に開かれた」（『哲学史講義』20-52）という、主観性の立場のことです。まず、若い神学者としてのヘーゲルについて述べます。

ヘーゲルは十八歳でテュービンゲン神学院に入学した。彼の思想の出発は神学生としてであった。しかし、これを過大に評価するのは行き過ぎであろう。下級官吏の子息が大学教育を受けるには、金銭的負担のないこの道しかなかっただろうから。彼は一八〇四年、イェーナ大学員外教授への昇格のためにゲーテに提出した「履歴書草稿」に、神学院入学の動機を次のように記している。

> 私が説教職の身分に就きましたのは両親の希望に従ったものでありますし、神学の勉強に心から忠実であり続けましたのはその勉強を古典文学や哲学と結びつけるためでした。（書簡集IV/1,88f.）

しかしまた、ヘーゲルとプロテスタンティズムとの関係を過小に評価することも誤りである。卒業後三十歳までの家庭教師の六年間、彼は哲学者ではなく神学者であった。彼はその間に三つのイエス像を刻んでいる。キリスト教解釈の中心にイエスを置くことは、パウロにまで戻ったルターを超えて、さらにイエスにまで遡り、再度の宗教改革を目指すという意図があったのだろう。第一のイエス像は、イエスを道徳の教師として描くものであった（『イエス伝』）。この試みは失敗した。イエスがただ人間としてのみ描かれたからである。第二のイエス像は、個人を超え包み込む生命の存在を人びとに伝える者、愛の説教者としてのイエスであった（『キリスト教の精神とその運命』）。これも失敗であった。人間としてのみイエスが描かれる限り、彼の説く生命や愛は理想にとどまざるをえないからである。

家庭教師の最後の年、ヘーゲルは『一八〇〇年の体系断片』を書き残している。この草稿を解釈するのは難しい。その難しさは、ヘーゲルが生きることの意味を、宗教か哲学か、いずれの内に求めるべきか、迷いつつ、とりあえずこれまで通り、キリスト教の新しい解釈に活路を見出そうとするのだが、それにも満足できない、という葛藤に由来する。哲学は思惟の活動だから、思惟ならざる働き（感覚や表象）や思惟されるもの（対象）との対立から抜け出すことができない。一方、宗教は「有限な生命から無限な生命への高揚」（1-423）であるから、「生命あるものの主観性と、喜びの内で融合する」（同）ことができる。しかし、彼の生きる「不幸な時代」、つまり「自我が一切を、自分と対立するものを、踏みつけにして得る喜び、これがこの時代の現象であり、これは根本的には人間になりえない絶対的に疎遠な存在［超越的な神］に頼り切っている現象と同じである」（1-427）、そのような時代にあっては、神との融合という彼の期待は「時代から浮いたもの」になってしまう。

ヘーゲルはここまで書いてきて、一呼吸おいて次のように続ける。

> もしこの存在［神］が（時間の内へと入り）人間になるならば、その合一の内には絶対に特殊なもの・ただ絶対に一なるものが残るのではないか――時間［時代］との合一は卑賤で下劣なものであるが、そこには最も品位あるもの・最も高貴なるものが残るであろう。（同）

この激しく矛盾するもの、人となった神、これはイエス・キリストの出来事を指している。ヘーゲルはこれを書いて十日後（九月二十四日）、五年前に中断していた『キリスト教の実定性』の草稿を取り出し、改稿に取りかかる。これが第三のイエス像である。イエスは道徳の教師でも愛の説教者でもなく、人として死んで神として生きるもの、絶対的に矛盾した存在、三位一体の神として描かれたのである。

第三のイエス解釈はヘーゲルの自己革命を象徴していると言える。彼は神学者から哲学者に変わったのです。宗教と哲学との立場は逆転した。哲学の方が宗教を含みうるものとなった。イェーナに現れたヘーゲルは『信仰と知』（1802）を書く。デカルトやカントにとっては、信仰と理性（知）は別のものであった。啓示は信仰の事柄であって、理性の論じるべきものではなく、哲学的に意味があるのは自然神学や道徳神学だけであった。ヘーゲルはこのように信仰と知を対立させることの内に不幸な時代の病巣（彼はそれを「実定性 die Positivität」と名づける）を見出す。ヘーゲルは信仰を哲学の問題のなかに取り入れる。彼の考えによれば、信仰も知も真理を把握しうるのだが、信仰は真理を表象として捉えるのに対して、哲学は真理を概念的に把握するものである。

真理が「時間の内に入っている」という確信は、同時にヘーゲルに存在の真理を現実の内に探求することを可能にさせた。ヘーゲルは神学院にいる後輩のシェリングに以前は次のように書いていた（一七九五年）。

神の国が到来しますように。われわれがむなしく手を拱《こまね》いていることのありませんように。……理性と自由がいつまでもぼくらの合い言葉でありますように。見えざる教会がぼくらを結びつけていますように。（書簡番号14）

しかしヘーゲルは今、ルカ伝にあるように「神の国は未来にあるのではなく、今ここにあなた方のただなかにある」（6.20）、現実は「神の国」に支配されている、と言うのである。

ヘーゲルの理解したキリスト教は超越的な神を主張するものではない。超越神ならば、神は世界の外にいることになる。既にカントは超越神を否定し、神を人間の道徳感情のなかに置いていた。ヘーゲルはそれを受け継いでいるのだが、感情の内にではなく、思惟によって神を把握しようとするのである。では、汎神論であろうか。しかし、この時代に言われる汎神論は、前期ロマン派に見られるように、自然の内に神を見るものであって、ゲルマン神話を通して中世カトリックの再興に結びつくものであった（シェリングがこの道を採った）。しかし、ヘーゲルにとっては、自然は神の外化態であるにすぎない。

ヘーゲルは神を精神 der Geist として理解するのである。「精神は、自分を自分の他者として対立させ、そしてこの区別［対立］から再び自己へ帰るものである。」（『歴史哲学講義』12-392）この精神は「三位一体の精神」（同）である。純粋な一者としての神（父）が、自分を自分の他者（子）として自分に対立させ、区別されたもののなかで自分に帰る。この帰るという働きが聖霊（精神）の場である。この帰る Rückkehr ことが重要である。神は他者の内で自分自身を知り自らに帰るものであり、神はただ帰るという働きにほかならない。

エンチュクロペディーには次の文がある。

> 神は自己自身を知る限りでのみ神である。さらに神のこの自己知は人間の内における神の自己認識、つまり神についての人間の知であり、それはさらに神の内にある人間自身の自己知へと進んでゆく。（§564 補遺）

神なくして人間は存在しないが、また人間なくして神は存在しないのである。

神は人間の内で自らを現す、というヘーゲルのこの啓示概念を高く評価したのはフォイエルバッハである。彼は神の超越性を否定する点ではヘーゲルと完全に一致していた。ただしフォイエルバッハは、このヘーゲルの考えが当時のキリスト教にとって不条理なものに見えたことを付け加えている。

一方、シェリングは『近世哲学の歴史について』の講義（1833/34のものか）のなかで、エンチュクロペディーのこの文章を引いて「大衆に迎合したはなはだ通俗的な populärst な解釈」（F.W. J. Schelling Ausgewählte Schriften. Bd.4-576）と批判している。

人間が神を知りうるというヘーゲルの考えは、人間が多くの苦悩を克服して、その自然性を止揚することによってであり、人間の理性に信頼する啓蒙の頂点に立つものであろう。歴史哲学講義のなかで、ヘーゲルは哲学（大論理学）のなすべき義務について、おおよそ次のように語っている。理性が世界を支配しているとは、人間が神を知りうるということである。神の認識をはねつけるとき、人間は無知蒙昧の状態に陥る。最近の哲学は宗教にふれることを憚っているが、キリスト教において神は自己を啓示したのだから、哲学は、神が認識可能だと主張するだけでは足りない。認識することが義務であることをも示さなければならない、と（12-12）。

私には十分な知識はないが、この啓示の思想を、ヘーゲルはエックハルトから示唆を受けたのかも知れない。『宗教哲学講義』で彼はエックハルトの次の文を引いている。

神が私を視る眼は、私が神を視る眼であり、私の眼と神の眼は一つである。……神がなければ私はなく、私がなければ神はない。……このことはただ概念の内で把握されることだ。（16-209）

大論理学はこのような神と人との協同の立場から書かれたのである。「緒論」に次の文がある。

論理学は純粋理性の体系として、純粋思惟の国として把握されるべきものである。この国は、いかなる肉も持たずにそれ自身で即かつ対自的に［独立して］存在している真理である。それゆえその内容は、自然および一人の有限精神［アダム］を創造する以前におのれ一人永遠なる実在の内に安らっている神の語りである、と表現できるであろう。（33f.）

ヘーゲルは大論理学を神の創造計画、神が創造する存在の青写真と考えているのである。一八二九年にただ一度だけ講義された「神の存在の証明」の第十講には、大論理学の性格がより明確に次のように述べられている。「論理学は純粋思想のエーテルの内にある神の理念の展開《エヴォルツィオーン》を考察する形而上学的神学である」（17-419）。

「純粋思惟の国」とか「純粋思想のエーテル」という言葉は、イデア界やヌースを意味し、ギリシャ的精神を感じさせるが、そこに盛られている内容は明らかにヘーゲルの理解したキリスト教である。

三　形而上学（存在論）

ヘーゲルの大論理学は西洋形而上学（存在論）の長い歴史に終止符を打つものだと思う。大論理学は存在論を完成させたのであり、これ以後、存在論にはそれまでとは異なった原理が必要となるが、それはまだ現われていないように思われる。形而上学の重要性を、ヘーゲルは大論理学初版の序文で次のように指摘しています。

国民にとって国法の学が不要になり、生きる知恵、人倫の習慣、美徳が用済みのものになったならば、大変なことである。同様に、国民が自分の形而上学を見失い、もはや自分の純粋な本質を追究する精神が国民の間に現実に存在しなくなったならば、由々しきことである。……こうして学問と常識が手に手を取って形而上学の没落に力を尽くしてきたのであり、形而上学を持たぬ教養国民という珍奇な光景を目にするようになった。――それはゴテゴテと飾り付けられてはいるが、本尊の御座《おわ》さぬ寺院のようなものだ。(3f.)

「形而上学の没落」と言われるときの「形而上学」は、デカルトからヴォルフまでの、カントの批判哲学の洗礼を受ける前の、独断的な形而上学を指します。ヘーゲルはそれを「古い」とか「以前の」あるいは「悟性的な」という形容を付けて呼んでいるが、エンチュクロペディーでは、その立場を「理性的対象についての単に悟性的な考察」(§27)と言っている。そのような古い形而上学は批判哲学によって没落させられた。しかし、形而上学は「自分の純粋な本質を追究する精神」として不可欠なものだから、この学問を改めて作り直されねばならない、このように彼は考えるのです。

では、新しい形而上学はどのようなものであるべきか。ヘーゲルは、カントに倣って、形而上学を論理学とすることによって、それが可能だ、と言う。ニュルンベルクのギムナジウムの校長として、友人であり上司であったニートハマーに送った哲学授業に関する報告書(一八一二年十月二十三日)には、次のように書かれている(このとき第一巻有論は既に出版され、第二巻本質論が印刷中であった)。

私の論理学観からすれば、形而上学は完全に論理学に含まれます。この点については、カントを先駆者にして権威者として挙げることができます。彼の批判書は、それまで形而上学と呼ばれていたものを、悟性と理性の考察（論理学）に還元しました。（4-406）

しかし、カントとヘーゲルとの間には無視しがたい違いがある。カントは存在の問題を悟性と理性の考察に、つまり論理学に還元したのではあるが、彼は悟性と理性が生み出す思惟規定そのものの考察には向かわなかった。それに対して、ヘーゲルは思惟規定、つまりカテゴリー・反省規定・概念、これらをこそ形而上学の対象とするのである。

カント哲学の関心は思惟規定のいわゆる超越論的性格に向けられたので、思惟規定そのものの扱いは疎かにされている。……この哲学は思惟規定の本性の認識を少しも前進させなかった。……そこで［大論理学の］客観的論理学が以前の形而上学の代わりをつとめ、……それが初めて直接に、存在論《オントロギー》の、……存在一般《エンス》——存在は有と本質とを含む——の本性を探求するとされてきた形而上学の、一部門となる。（49f.）

ヘーゲルは、カントが形而上学を論理学（悟性と理性の考察）に還元したことを高く評価するのだが、その悟性と理性が超越論的なものにとどまっている、つまり主観と客観との関係に制約されている、この点に欠陥を見出したのです。ヘーゲルはこの制約を超えて、思惟規定そのものを、存在が自らを展開する働きの成果と考えたのです。そのとき彼は、意識がその対象として存在を構成するとする近代の形而上学ではなく、思惟と存在との同一を原理とする古代の形而上学に近づいてゆく。

ヘーゲルの形而上学（存在論）の性格を理解するために、少し回り道にはなるが、存在論の歴史を概略的に振り返ってみよう。古代の存在論は、存在（一）と存在者（多）とを、「可能と現実」の対概念で理解した。近代では、存在論は認識論となり、存在についての問題は認識の問題に還元される。そうして、存在（本質）と存在者（現象）は「主観と客観」の対概念で理解されるようになる。ヘーゲルは、主観と客観の二元性（思惟と存在との対立）を絶対反省（思弁）によって解消し、存在者が存在の現実態であることを明らかにして、存在と存在者との区別を止揚し、存在論を完成させたのです。

存在論は多様な自然の世界の始原《アルケー》の探求から始まったが、彼ら「自然哲学者たち」は始原を或る存在者と考えるだけで、存在者が存在することの原因を追究しようとはしなかった。真の存在論はパルメニデスに始まるだろう。存在するものが存在していることの原因として、存在そのものを考えたからである。以下、存在するものを〈存在者〉、存在することの原因を〈存在〉と記すことにする。パルメニデスにおいては、思惟《ノエイン》が〈存在〉である。「思惟されるために在るものと、在るために在るものとは同じであるのだから」（DK28B3（97））。ここに存在と思惟との一致が表現されている。〈存在者〉の〈存在〉

とは思惟であり、その同一律に従うもののみが〈存在者〉として認められる。同一律としての思惟を、パルメニデスは「説得の道」と呼び、「（それは）在る、（それが）在らぬことは不可能だ」（DK28B2（96））と表現している。こうして、パルメニデスによって、〈存在者〉と〈存在〉が区別された。しかし同時に、彼においては〈存在〉と〈存在者〉は直接に一つでもある。思惟と存在とは直接に同一である。したがって、〈存在〉はただちに〈存在者〉であり、〈存在〉は、不生不滅、非分割、不変不動であり、また無限（定）ではありえないから「球」という〈存在者〉として表象されているのである。

　パルメニデスは、在るものは在り、在らぬものは在らぬ、と言う。この同一律は揺るぎない論理的な力を持っている。しかし、この同一律によっては、自然界の〈存在者〉が多であること、またそれが生成し運動することを説明することは不可能となる。そこで、プラトンは「在らぬものも何らかの点で在ること、逆に在るものが何らかの仕方で在らぬことを、力ずくでも立証しなければならない」（『ソピステス』241D）と考える。彼は、在らぬものも在ることを示すために、この在らぬものはまったくの無ではないことを示さなければならない。そこで、彼は在らぬことを、「異《こと》なって」在ることとして理解する。しかしそのためには、パルメニデスとは違って、在るを「在るもの」（〈存在者〉）としてではなく、「在ること」（〈存在〉）として捉える必要がある。こうしてプラトンは「存在とはつまるところ機能《デュナミス》にほかならないというのが、私がここで提案する一つの規定なのだ」（247E）とエレアからの客人（パルメニデス）に言わせている。「機能」とは他へと働きかけうるあるいは他から働きかけられうる、その可能性のことである。プラトンは〈存在者〉の多性や生成・運動を救うために、〈存在〉を可能性として規定したのである。

「存在を存在として探求する学」として形而上学を定義したアリストテレスは、「存在とは何か」という問いを、「実体《ウーシア》とは何か」を探求する課題に変えた。「実体」とは第一義的には、判断の基礎にあるもの《ヒュポケイメノン》（主語）であり、それはまた互いに離れて存在しこれと指しうるもの、すなわち個物、「これなるもの《ト・ディ・ティ》」である。アリストテレスは在ることの意味を、プラトンと違って、〈存在〉の内にではなく、〈存在者〉の内に探ろうとするのである。そして、個物の多性は「形相と質料」の対概念によって、個物の生成変化は「可能《デュナミス》と現実《エネルゲイア》」の対概念によって説明されることになる。

さてやや時代が下がるが、私は、古代の存在論を完成した人物がプロティノスだと考える。彼は「在る」には三つの階層があると言う。一なるもの《ト・ヘン》、知性《ヌース》、魂《プシュケー》である。一なるものは自ら溢れ出て、知性界が生まれ、そこからまた感性（魂）界が生まれる。そして逆に、魂はその肉体を脱ぎ捨ててつまり浄化《カタルシス》して、知性界に帰り、知性は脱自《エクスタシス》して、一なるものに帰る、と言う。私が興味を持つのは、一なるもの、これは〈存在者〉ではなく〈存在〉であると思われるが、それは溢れ出る働きそのことにほかならないこと、また一なるものは、〈存在者〉の浄化と脱自という〈存在〉への帰還のなかで、全く働き《エネルゲイア》としてのみ捉えられている点である。一なるもの、〈存在〉は働き以外の何ものでもなく、しかもそれは〈存在者〉（知性や魂）の彼岸にあるのではなく、〈存在者〉そのものの内に働くことによって〈存在〉としてある。一なるものはただ働きとしてのみ〈存在〉であり、〈存在者〉の内に現実に働いているものである。プラトンは〈存在〉を「可能態」として考えたが、プロティノスは〈存在〉を働くもの、現実態として捉えるのである。現実態としての〈存在〉という考えは、ヘーゲルの〈存在〉と結びつく。ヘーゲルにあっては、プロティノスの現実態としての一なるものが、「概念」あるいは「理念」と呼ばれるであろう。

デカルトの「我思う、故に我あり」においては、「我思う」が存在の基礎をなし、この我によって明晰判明に思惟されるものだけが、真に存在するものであると考えられた。ここに思惟と存在との一致が主張されているが、この我は自然界の一存在者にすぎない。そのような我は誤りうるものであるから、我の真理性は、神の存在が証明された後で初めて保証されるものである。デカルトの存在論は、まず精神としての自己の確実性を確かめ、次に完全な精神としての神の存在を証明し、その神の誠実さを根拠にして、最後に物質的世界の存在を思惟する、以上の全体である。

カントは、我は認識作用の主観であるから、認識する以前に認識能力そのものを吟味する必要があると考えた。その吟味に耐えうる主観は、世界の外にありながら（世界を超越しておりながら）、世界を基礎づけるものとして、超越論的主観と呼ばれる。これによって、存在論の主観化の方向が決定的になった。認識には、感性・悟性・理性の三つの源泉がある。感性によって認識されたものは直観であるが、その直観を反省するとき、つまり直観について判断するとき、主観（我）はそれらにカテゴリー（純粋悟性概念）を付与する。したがって、カテゴリーは感性を通して獲得されうる限りの対象にのみ適用されるのであって、超感性的なものには適用されない。これによって、超感性的なもの（神・宇宙・霊魂）の認識を独断的に追求してきた「古い形而上学」はとどめを刺された。ところがカントは、感性による存在認識を可能にするのだが、感性によっては把握できないものとして、物自体を考える。しかし、彼は物自体がいかにして我を働かせて感性界の表象を作らせるのか、を明らかにしない。

フィヒテはカントの物自体を不要だと考えた。そして彼は、カントが道徳的行為においてのみ認めていた我の自律性を、存在一般の問題にまで拡張した。我は我を意識する、この我の自己意識が「我は存在する」ことの根拠となりうる。そうして「すべてのものは自我を通して、自我にとってのみ存在する」ものとなる。ただし、この「我は存在する」は経験的な事実として存在するのではなく、自我が自己を定立する行為、すなわち事行の内でのみ確証される。しかし、自我の行為は抵抗があって初めて生じるものである。その抵抗を、フィヒテは自我の内にある非我と呼んだ。こうして、カントの物自体はフィヒテにおいては非我として、主観の内にいわば吸い取られるのである。

シェリングは、フィヒテの非我を、それは「我は存在する」という当たり前の経験の内に感知されるものであるから、不要なものだと考える。乳児ですら物音を聞くと、音の源（非我）に向き直るものである。この外界の実在を、シェリングは自然と呼ぶ。彼の言う自然は、ロマン主義的なもの、生命であり（ヘーゲルの生命は自然ではなく精神である）、それ自身自己生産的で目的論的なものである。それゆえ、生命としての自然は我と共通するものであり、両者の根底には、彼が理性《ヌース》とも呼ぶ、無差別、絶対的同一性がある。シェリングは、この同一性は知的直観によってのみ把握されるものであり、差別・非同一性は、この同一性の量的差異であると考えた。

ヘーゲルが宗教的考察から哲学的考察へと舵を切ったとき（イェーナ大学の私講師となったとき）、当時の形而上学の状況は以上のようであった。シェリングは同一性から出発することによって、カントとフィヒテの哲学につきまとっていた、主観と客観との対立を克服することができた。しかし、そこには新たな対立が生じざるをえなかった。主観と客観との同一性の原理と、現象を特徴づける非同一性・差異との対立である。シェリングは同一性を把握する活動である知的直観のみを重視し、非同一性・差異を生み出すものである反省の働きを軽視したからである。そこで、ヘーゲルはその対立を解消する道を見出そうとした。彼は差異論文に次のように書いている。

絶対者そのものは同一性と非同一性との同一性である。（2-96）

同一性はシェリングのように〈存在者〉であるのではなく、非同一性の内でこそ働くものであり、「絶対者」は自らでもある非同一性の内に自己（同一性）を確認するものである。その認識の方法を、ヘーゲルは「思弁」（2-43）あるいは「哲学的反省」（2-25）と呼ぶ。哲学的反省とは、認識における主観と客観との対立にまといつかれたものではなく、自らでもある他在（非同一性）の内で自ら（同一性）を知り、自らに帰るものであり、それは単なる主観の行為ではなく、絶対者そのものがなす活動と考えられたのである。〈存在〉とは帰るという働きそのものにほかならないのである。

　こうしてヘーゲルは存在論を完成した。つまり、彼はパルメニデスの〈存在〉と〈存在者〉との同一性という存在論の始原に帰ったのである。ただし、ヘーゲルの同一性は媒介された同一性である。近代の存在論が悩まされた主観と客観との対立は、その対立を自らのモメントとして内に含む絶対者がその対立の内に常に活動していることを見抜くことによって解消される。この活動する現実態としての絶対者は、プロティノスの一なるもの、〈存在者〉の内なる現実態と同じものである。プロティノスの一なるもの（〈存在〉）は、〈存在者〉である知性界と魂界の内で働いている。ヘーゲルの大論理学では、〈存在〉は「概念」（「理念」）と呼ばれ、それは客観的論理学すなわち「有」と「本質」である〈存在者〉の内に働いている。概念は有や本質と異なるものでないのである。概念は有と本質と並ぶ〈存在者〉であるのではなく、有と本質の内で活動する〈存在〉である。そして、概念が自らの他在である有と本質の内で自らを見出しつつ自分へと帰ってゆく、その旅路が弁証法として明らかにされる。弁証法は、生成し変化し対立する〈存在者〉の内で、自らの同一性が実現されていることを知る、理念（〈存在〉）の自己遂行の道程にほかならないのである。

四　弁証法

ヘーゲルの弁証法を理解しようとするならば、弁証法についての通念から解放されなければならない。私たちの学生時代には、マルクス主義が全盛であった。ヘーゲルの弁証法はマルクス主義から解釈されたのである。例えば、エンゲルスは『空想から科学へ』のなかで、弁証法と形而上学とを厳しく対立させている。形而上学（観念論）は世界の個々の事物を静止的固定的に捉え、それらの連関や運動を忘れている。それに対して、弁証法（弁証法的唯物論）は諸事物の連関・運動を捉えるものであるから、形而上学と弁証法とは相容れない、と言うのである。たしかにこのような二元論は分かり易い。しかし少し考えてみれば、二元論はそもそも、対立の内に同一性を見出そうとする弁証法とは無縁なものであることが分かったはずである。少なくともエンゲルスの言う形而上学は、ヘーゲルの「古い」「悟性的な」形而上学に当てはまるにすぎない。むしろ形而上学と弁証法は魚が水を得るように切り離すことのできない関係にある。弁証法は新しい形而上学に必須の方法である。いずれにしろ、ヘーゲル弁証法を理解するには、後世からの解釈によってではなく、その哲学的語彙の時代的制約に注意を払って、文脈を正確に解読することによってのみ、成果を上げることができる。

私は、ヘーゲル弁証法の二つの側面を指摘したい。

第一の側面は、広義の、体系としての弁証法であり、理念の展開過程の全体を総括するものである。上に述べた形而上学としての弁証法がこれに当たる。ヘーゲルは自分の弁証法の先駆者としてプラトンとカントを挙げているが、プラトンの弁証法《ディアレクティケー》、すなわち概念の分析《ディアイレシス》と綜合《シュナゴーゲー》、形相の相互関与《コイノーニアー》としての弁証法（『ソピステス』253B–Dなど）が、この側面を代表している。

第二の側面は、狭義の、方法としての弁証法、本来の弁証法あるいは弁証法的なものである。これは存在するものに内在している「否定的なもの das Negative」を明らかにして、存在の規定が自ずから自己の否定へ、つまりそれの他者へと、移行することを示すものである。このモデルはカントの二律背反《アンチノミー》にある。これについては少し付け加えねばならない。ヘーゲル以前に、カントは既に（第一の側面である）弁証法と形而上学との必然的連関に気づいていた。カントの「超越論的弁証論《ディアレクティーク》」は形而上学である。彼は、形而上学と弁証法とを結びつけることが二律背反という否定性を生み出すことを指摘することによって、かえって両者は切っても切れない関係にあることを明らかにしたのである。カントによれば論理学はカノンであるべきなのに、オルガノン（形而上学）としてふるまうとき、そこに二律背反が生ずるというのである。しかし、カントが二律背反を排除すべきものと考えたのに対して、ヘーゲルは、二律背反こそが存在の本質（否定的なもの）を表現するものであるとして、積極的に受容したのである。

ヘーゲルは、弁証法をカテゴリー・反省規定・概念規定のそれぞれの局面に即して、それぞれの固有の在り方に即して具体的に述べるのであり、それを一般的に形式化することは避けている。唯一の例外はエンチュクロペディーの「予備概念」にある論理的なものの形式的な三つの側面についての叙述にある（§79ff.）。三つの側面とは、（α）抽象的あるいは悟性的な側面、（β）弁証法的あるいは否定-理性的な側面、（γ）思弁的あるいは肯定-理性的な側面であるが、この弁証法的あるいは否定-理性的な側面が、私の言う狭義の弁証法に当たり、思弁的あるいは肯定-理性的側面が広義の弁証法に当たる。広義の弁証法、体系としての弁証法については、最後の十四「理念」で述べることにしよう。

ヘーゲルの「本来の弁証法」を考えるとき、大論理学のいわば方法序説である「緒論」がその手助けになる。彼はまず次のように哲学における方法の必要性を指摘する。

> 論理学の死んでしまった骨を、精神によって実質と内容を与えて蘇らせる、そのための方法は、論理学を純粋学とする方法以外にない。……哲学はこれまで未だその方法を発見していない。
> （初版20，第二版37，傍線部は第二版の追加）

「純粋学」とは、思惟が「意識の対立状態から解放されて自由である」境地、「純粋理性の体系」、「純粋思惟の国」（33f.）とも表現されるもので、形而上学のことを指している。「論理学を純粋学（形而上学）とする方法」、これが、未だ発見されていない方法、弁証法である。では、その方法とはどのようなものであるか、ヘーゲルがそれを説明している文を三つ引こう。

・学を進展させるために唯一必要なこと、それは本質的にごく単純な洞察によって身につく、——それは、次の論理命題を理解すればよい。否定は肯定的〔実在的〕なものでもある、……結果の内にはそれを生み出した原因が本質的に含まれている。(38)

・概念の体系〔形而上学〕というものはこのような道程〔進展〕によって作られるものであって、——外部から何一つ取り入れることのない純粋な〔概念自身の〕歩みによって完成されるものである。

私がこの論理学の体系において従う方法は——いやむしろ、この体系自身が自ら従う方法〔道〕は——、それをさらに完璧なものとし、個々の個所でさらに慎重に推敲する、これが必要であることを、私は自覚していないわけではないが、しかし私は同時に、この方法のみが唯一正しい方法であることを知っている。それは、この方法がそれ〔方法〕の対象や内容と何一つ異ならないこと、ただこの点からして、自明なことである。——なぜなら、内容を前に進めるものはその内容以外のものではなく、内容がそれ自身の内に持っている弁証法なのであるから。(初版22, 第二版39)(傍線部は、第二版の追加)

・概念そのものが自ら前に進めるものとは、先に指摘した、概念がそれ自身の内に持っている否定的なものである。これが真に弁証法的なものを形づくっている。(40)

では、「真に弁証法的なものを形づくっている」もの、「概念がそれ自身の内に持っている否定的なもの」あるいは「内容がそれ自身の内に持っている弁証法」とは、いったい何であろうか。ヘーゲルは「否定的なもの」をただ形式的に考えているのではない。それは実在的なものであり、彼は現実の分裂と対立と苦悩の内に「否定的なもの」を探り出し、そして「否定的なもの」を、現実の内容あるいは現実についての概念を前へと推し進める力と見るのである。

『信仰と知』にある「無限の痛み der unendliche Schmerz」という言葉がこの「否定的なもの」を理解する手助けになるであろう。

> 純粋な概念、すなわち、すべての存在が沈み込んでゆく、無の深淵としての無限性、これは、無限の痛みを、……純粋に、最高の理念のモメントとして示さなければならない。ただしモメント以上のものとしてはならない。……それゆえ、哲学のために、絶対自由の理念と、それとともに絶対的受苦《ライデン》あるいは思弁的金曜日とを、かつて歴史上に存在した聖金曜日の代わりに、真理の全体と神喪失の過酷さのなかで、回復させなければならない。（2-432）

「無限の痛み」とは、「神は死んだ」こと、その失われた神に対する感情である。ルターはそれを内面の信仰に移し替えたのであるが、ヘーゲルはさらに「神の死」という歴史的出来事（聖金曜日）を、思弁的金曜日の内でつまり「純粋な概念」の場面（形而上学）で回復させようとするのである。その出来事は思弁されることによって存在の真理として理解される。この「痛み」が弁証法の魂である「否定的なもの」である。存在するものにはこの痛みが内在している。存在していることは痛みを通してのみ確認されるのだから。神と人とは同一でありながら絶対的に隔たっている、人間の側から言えば、自らの存在は神から与えられながら神からははるかに遠ざけられている、この苦悩、この絶対的矛盾が、存在するものの内にある否定性、弁証法的なものである。エンチュクロペディーの「予備概念」では、この否定性は「神の威力」（§81）と表象されている。しかし、ヘーゲルは痛み・否定性をただモメントとして考えよと言う。痛みが絶対理念のなかで見られるようになるとき、痛みは癒され、「絶対自由」は回復されるのである。

ヘーゲルの弁証法は、キリスト教の三位一体論の概念的解釈にその根拠を持っている。ただし、ヘーゲルの神は超越神、人格神ではない。その存在は働くこと、活動によって、証しされるものである。神とは、自らを他者として開示し、そこから自らに帰る、その働きの全体である。ヘーゲルはそのようなものを「精神としての神」と呼ぶ。『宗教哲学講義』の「絶対宗教」（キリスト教のこと）の一節を引用しよう。

> 精神としての神は三位一体の神である。神は開示する働きManifestieren、自分を客観化する働きである。そしてこの客観化の内で神は自己と同一である、――これが永遠の愛である。この客観化は完全に展開されて、神の普遍性と有限性［との対立］の極端にまで、つまり死という極端にま

で進むのであるが、客観化は、対立のこの過酷さを止揚して自らに帰ることである。すなわち、無限の痛みの内にある愛である。痛みは愛の内で癒やされるのである。（17-308f.）

五　区分と始原

大論理学の本文に入る前に、それを有論・本質論・概念論の三つに区分することの根拠、また何から叙述を始めるべきか、つまり大論理学の区分と始原について、ヘーゲル自身が書いているので、まずそれについて説明します。

区　分

ヘーゲルは、論理学を三つに区分する根拠は全体の入り口であるこの緒論では「仮のものにすぎない」（45）と言い、さらに第二版では次のように付け加えている。

> 言ってみれば、この区分を提示することができるのは、著者がこの学を既に理解していると仮定できる場合に、したがって著者が、概念は自らを展開するなかで将来どのような主要区別を自分に対して規定するかということを、ここで予め記述的《ヒストーリッシュ》に申告できる場合に、限られる。（45）

論理学の区分が「仮のもの」であるのは、まだ決定的なものが提出できないので、暫定的なもので我慢せざるをえないという意味ではない。論理学を進める主体は「自らを展開する」「概念」であって、それを「記述する（外部から物語る）」「著者」ではないからである。著者の目の前に概念の全体は存在していない。ヘーゲルは「真理は全体である。しかし全体とは［既に存在しているのではなく］、自らを展開するなかで完成する存在の働き《ヴェーゼン》である」と言う。目の前にある西瓜ならば、二つに分割することができる。しかし、概念あるいは存在は働きそのものであるから、それを分割することはできない。したがって、有・本質・概念の三区分は、動物は脊椎動物と無脊椎動物とに区分できるという意味での分類ではない。存在あるいは概念は、朝顔の種子から芽が生え、花を咲かせ、再び種子を結ぶという、発生と帰還の過程そのものをいうのである。

そのことを確認した上で、ヘーゲルは、論理学の全体を「はなはだ不明瞭で、したがってきわめて曖昧ではあるが、普通一般の表現を用いれば」（第二版の追加）と断り、「記述的には［既に済んだこととして見るならば］……客観的論理学と主観的論理学に区分してもよいだろう」（47）と言う。この区分が「不明瞭で曖昧」なのは、既に論理学が克服したはずの主観と客観の対立を前提しているからである。しかし、この区分をもう少し見てみよう。

・客観的論理学はむしろ昔の形而上学の代替となる。つまり、世界に関して、ただ通念によってのみ築きあげられてきた学的建造物に、取って代わる。――この学が作られた最終形態［ヴォルフの形而上学］を顧みると、まず最初にあるのは存在論――存在《エンス》一般の本性を追究するものとされた、形而上学の部門――であり、客観的論理学がそれの代わりとなる。――存在は有《ザイン》と本質《ヴェーゼン》とを含むが、幸いにもドイツ語はその違いを異なる表現によって明らかにしてきた。次に、客観的論理学はその他の形而上学をも含んでいる。それは、さしあたっては表象を介して受け取られていた特殊な基体、霊魂・世界・神を、純粋な思惟形式によって把握しようとするものであるからである。（傍線部は第二版の付加）（初版31，第二版50）。

・主観的論理学は概念の論理学――本質の論理学である。［ここに言う］本質は、有あるいはその仮象との関わりを止揚したものであり、その規定の内にはもはや外的なものはなく、自由で自立しており、自らを自らの内で規定する、主観的なもの、いやむしろ主観そのものである。（傍線部は第二版の付加）（初版31f.，第二版51）。

主観的論理学（概念論）は〈存在者〉ではなく〈存在〉そのものを扱う。つまり、ヘーゲルは〈存在〉を概念あるいは主観と理解したのである。それに対して、客観的論理学（有論と本質論）は〈存在者〉を扱っている。〈存在者〉は、具体的に言えば、有論では感覚の規定性を用いて自然を捉えるカテゴリーによって成立する学、数学・力学・化学の対象となるものである。本質論では、〈存在者〉は悟性によって主観が構成（措定）するものである。概念論には〈存在者〉としての対象は存在しない。ここでは、概念あるいは理念とよばれる〈存在〉そのものの働きが述べられる。

有と本質の違いを、その存在の仕方から考えてみよう。存在の仕方とは「弁証法的なもの」すなわち「否定的なもの」（〈存在〉のこと）の在り方のことである。有は「否定的なもの」を自分の外に持っており、本質は「否定的なもの」を自分の内に持つ。そこで、有は「否定的なもの」を求めて他のものへと移りゆく。それに対して、本質は「否定的なもの」を自分の内に探して自己に反省する。有論は存在の直接性の領域であり、本質論は存在が自らとなす媒介の領域である。それらに対して、概念論にはもはや〈存在者〉はなく、〈存在〉自身が自らを展開する領域である。

始原論

ヘーゲルは本文に入る前に、第一巻有論の初めに、「学は何から始められねばならないか」という問いを置いている。その答えが始原論と呼ばれるものである。彼は大論理学を「有」という規定性から始めるが、そのことの根拠を明らかにしようとするのである。彼は次のようにその根拠を説明している。――大論理学は精神現象学を前提しており、精神現象学の成果である絶対知あるいは純粋知が大論理学の始原となる。ところで、純粋知とは知とその対象とが一致しているものであり、一切の区別を持たぬものである。しかし、区別を持たぬものは、知でさえなく、ただ単純な直接性である。しかし、直接性という規定は媒介されたものと対立する表現であるから、対立する限り媒介されたものである。したがって、直接性のより正しい表現は「純粋な有」である。（以上、初版35，第二版57f.）——第二版では、精神現象学との関係を考えずに、大論理学の始原を、それを開始しようとする思惟の意志に求めている（58）。意志も絶対知と同じく、区別を含まぬ単純な直接性であるからである。

ところが、ヘーゲルはこのような始原の根拠付けを、始原論の最後では「先走ったおしゃべり」（68）だとして、自ら一蹴してしまう。始まりが何であるかを論じるよりは、まず始めることが大切だということだが、そうであれば、始原論は、始原の根拠付けとは異なる意味を持っていることになる。

始原 Anfang の語には原理 Prinzip の意味が含まれる。存在の何が最初のものか。これは存在の実在的原理を問うものです。その問いに対しては、水・ヌース・イデア・一者がそれである、と答えることができるだろう。しかし、近代になってこの原理が認識の本性と結びつけられて考えられるようになると、始原についての問いは、何が私にとって最初に存在するか、という問いになる。そして、私にとって直接に確実なものは私以外にはないのであるから、その答えは、フィヒテのように、自我以外にはありない。しかし、自我が哲学の始原であるならば、それは一般の意識とは区別され、いかなる対立にも煩わされない、純粋自我でなければならない。しかし、そのような純粋自我がただ直接に要請されている限り、それは単に主観的な要請にすぎない。フィヒテには一般の意識から純粋自我への高揚の過程（ヘーゲルの精神現象学に当たるもの）が欠けているのである。あるいは、シェリングのように、純粋自我が知的直観と見なされる場合は、その始原は「あたかもピストルから弾丸が飛び出す」(55)ようなものであり、やはりこの過程を欠いている。

ヘーゲルは、このように原理としての始原を論じることにそもそも疑問を感じているのです。始原論で、彼が述べようとしているのは、始原は何か、ではない。始原論が問うのは哲学の原理としての始原は何かではなく、始原はいかに論じられるべきか、その「叙述 Darstellung」(68)の仕方です。ヘーゲルの始原への関心は、原理的なものにあるのではなく、学(体系)を完成させうる始原の形式、方法の問題にある。

上述のように、ヘーゲルは始原が何であるかに関して、それは「直接性」であると規定したが、彼にとってより重要なことは次のことである。

> 学にとって本質的なことは、純粋に直接的なものが始原であるということだけではない。それ以上に本質的なことは、学の全体がそれ自身の内で循環することである。この循環の内では最初のものはまた最後のものであり、最後のものはまた最初のものである。(60)

最初のもの(始原)は同時に最後のものである。つまり、始原は二つある。有としての始原と、終端にある理念としての始原と。そしてこの二つが同じものであるとする、その叙述がいかにして可能か、それを説明することが始原論の課題だったのである。

その叙述の歩み行きを、ヘーゲルは「哲学においては前へ進むことは後へ戻ることである」（59）と表現している。前進すること、始めることは、後へ戻ること、帰ることである。これはどういうことであろうか。私たちの普通の思惟は、最初のもの・今のものＡから次のものＢへと前に進み、さらにＢが今のものとなり、次のものＣへと前進する。そうして最後のものＺに至る。この思惟は直線的であり、どこまでも前進し、実際には最後のものに到達することはなく、学は完成しないであろう。ヘーゲルはＡからＢへ前進することは、ＢからＡへ戻ることである、と言う。例えば、大論理学の初めにある二つの規定性、有と無のカテゴリーを考えてみよう。有から無へ進むことは、同時に無が有へ戻ることである。有は無を前提して有でありうるのであり、無は有を措定することの根拠である。そして、無が有に戻ることは、有が無の根拠であることを示している。この有と無については、すぐ後に検討するであろう。

　概念の進展は単にＡからＢに進むのではない。もしそうであれば、Ａはそれ以後のすべての概念の原理とされ、進展はただ分析的なものにすぎないであろう。ＡからＢへ進むことがＢからＡへ戻ることでもあることによって、概念は、それが規定されているそれぞれの個所で、その他者つまり否定性を含んでいることが明らかになる。そうして最後のものＺは最初のものＡであることになる。終端は始原と結びつく。ヘーゲルはそのような大論理学の叙述の形式を「円」（61）と表象するのである。

　こうして最後の「理念」Ｚはそれまで後にして来た概念のすべての規定に内在することになる。もっとも初めに帰ることは単に戻ることではないであろう。もしそうであるならば、大論理学は繰り返し唱えられる退屈な呪文になってしまう。最後の「理念」が「有」になるとは自らを外化して自然の存在となること〔創造〕である。

有論

六 規定性（質）

第一巻有論について話します。Seinを有と訳そう。日本語の問題だが、「有《う》無《む》相通じる」のように無と組み合わせるときは、存在ではなく、有が適切だと思う。有は「ゆう」ではなく、未《み》曾《ぞ》有《う》のように「う」と読むことにする。「存在」と訳すと、ドイツ語単母音の歯切れのよい発音と合わない。「存在」の語の方は一般に、この有と第二巻の本質の総称として用いることにします。

第一巻 有論は、第一篇 規定性（質）、第二篇 大いさ（量）、第三篇 度からなる。第一篇の内容は、第一章 有、第二章 定有、第三章 対自有です。質とは、このタオルは質が良いのように、物の品質をいうのではない。品質としての質は第三篇 度で扱われる。ここでいう質は、存在するものは規定されて初めて存在するのであるから、規定されていること一般を言う。有、定有、対自有の三つの規定性はそれぞれ、かつては超越的なもの（超越概念）と呼ばれていた、有 ens・或るもの aliquis・一 unum に該当する。これらはさまざまのカテゴリー以前に、それらを超えたもの、カテゴリーの根底にあるものを指しています。何か物がアルというとき、その存在の条件は、物がアルのは一つの或るものとしてである、ということです。したがって物が存在する何かとして規定されるのは、有・或るもの（定有）・一（対自有）という三つの超越概念を通してであり、それらは物について「……である」と言いうるための根底的な条件であり、その意味で、これらの三概念は「規定性」と呼ばれるのです。

第一章　有

まず、第一章 有について考えよう。有について述べる「A．有 Sein」の本文はきわめて簡潔だが、多数の人びとがその解釈に悩まされてきた。この文章は多くの疑問や批判を受けたにもかかわらず、ヘーゲルは第二版で修正も付加もしていない。それだけ彼はこの論述に自信があったのだろう。そのほぼ全文を引用しよう。

> アル、ただアルこと、――それ以上の規定は一切持たない。この無規定的な直接性の内では、有はただ自分と等しいだけで、他のものと等しくないことでもなく、その内部においても外部に対

しても違いを持たない。……有は純粋な無規定性であり、空虚である。――ここで直観について語りうるとしたら、有のなかには直観されるべき何ものもない。あるいは、その純粋で空虚な直観の働きだけがある。同様に、有の内には思惟されるべき何かがあるのではない。むしろ、その空虚な思惟の働きだけがある。無規定的に直接的なものであるこの有「アル」は、本当は無であり、無以上のものでも無以下のものでもない。（71f.）

この節ではいったい何が言われているのだろうか。ヘーゲルは有を始原としているが、無が始原であるべきだという解釈（例えば西田幾多郎）もある。しかしそれは見当違いだろう。第一この文をよく読めば、ヘーゲル自身も無そのものを始原としていることが分かる。始原論を思い出してほしい。彼が問題にするのは哲学の原理ではない。だから、ここで語られているのは原理としての有でも無でもない。彼が始原と考えるのは、哲学を学として可能にする、その叙述の仕方であった。では、この有の節で主張されていることは何か。

私は「アル sein」と書いたが、これは、精神現象学の成果であり、大論理学の始原である、絶対知すなわち純粋知が存在スルことを意味している。「アル」は、知と対象との同一、主観と客観との同一のことである。何ものも直観しない直観、何ものも思惟しない思惟である。思惟している、その空虚な有だけがある。ところが、引用の最後の文を見てほしい。ここで叙述の方向は、空虚な思惟の、その在り方から、それの内容へと転換している。有るのは空虚な思惟だけであり、空虚な思惟は何も思惟していない、言い換えれば、無を思惟している、と。したがって、この節で主張されているのは、思惟が直接的な思惟であることにおいて、直接的に有るものについての思惟となる、ということである。つまり、存在の原理が何であるかではなく、思惟と存在（思惟の対象）との一致を主張しているのです。そして、その直接的に有るもの（内容）は「無」だとされる。

次の「B．無 Nichts」の文章は、A節の「有」を「無」に、「無」を「有」に置き換えるだけで作られている。始原論で述べたように、有は無を前提し、無は有を前提しているからである。こうして有と無は同じものとされる。しかし、有と無は区別されるとも言う。「同じ」であるとは、有と無とを、「無規定的」、「同等」など、本来第二巻本質論で語られるべき反省規定を通して見た場合である（ヘンリッヒの指摘）。では、この同じことと区別との矛盾はどのようにして解消されるか。それが「C．成 Werden」で述べられている。

同じであるならば区別されないし、区別されるならば同じであるはずがない。同じでありつつ区別されるということが意味を持つのは、有と無が互いに排除し合うような独立したものではないこと、有と無を区別しかつ同じとするものがここに存在しており、有と無はそれのモメントであって、有と無はそれから分析的に導き出されたものと考えることによってである。有と無を自分のモメントとするもの、それが成である。したがって、本当の始原［原理］は、有でも無でもなく、成であるというべきである。ヘーゲルは存在を生成し変化するものとして見ているのです。

では、成の内で有と無はどのように区別されるか。成は二つの方向を持っている。今まで無かったものが有るようになること（生起 Entstehen）と、今まで有ったものが無くなること（消滅 Vergehen）である。成が含むこの二つの方向によって、有と無は初めて異った「価値」（モメントとしての意味）を持たされる。しかし、生起と消滅とを別のものと見ることは適切ではない。この世界には単なる生起も単なる消滅もありえないのだから。いかなる生起も消滅を含み、いかなる消滅も生起を含んでいる。両者は同じ一つの出来事である。例えば、朝に成る（生起）ことは夜でなく成った（消滅）ことと同じである。

ヘーゲルはこの世を生成の世界、変化と流動の世と捉えるのだが、生起と消滅とが同じことであるならば、生成そのものは否定されてしまうであろう。有と無は成において生起と消滅をもたらすものであったが、生起と消滅が同じ出来事であるならば、有と無との区別は無意味である。有と無が区別されないならば、そもそも成という事態が成り立たない。こうして、成の流動状態はなくなり、「静止した成果」（100）が生まれる。この成果が第二章の定有です。

第二章　定　有

定有 Dasein は「現に有ること」という意味です。ハイデッガーはそれを人間存在に特有な在り方として、それを基礎にして存在論そのものに進もうとしたが、ヘーゲルは定有を事物一般の存在の仕方と考える。何かが有ること（存在していること）とそれが何かで有ること（規定されていること）とが一つである在り方が、質という存在の在り方であり、その存在者を定有 das Dasein と呼ぶ。定有している事物は或るもの Etwas と呼ばれる。この世に存在している事物はすべて或るものです。西瓜も葡萄も或るものです。しかし、定有している、つまり規定されて存在しているのだから、西瓜と葡萄は異なるはずです。しかし、その違いは、色・形・味など、性質の違いではない。「があること」と「であること」とがまだ分けられていないのだから。では、この二つは何によって区別されるのか。西瓜は葡萄に対して他のものであり、葡萄も西瓜に対して他のものである、としか言えない。この他者 ein Anderes の概念が或るものの違いを表現するものです。有と対立していた先の無がここでは他のものを意味するものになった。プラトンが『ソピステス』で無（非有）も何らかの意味で有ると考えて、無は「他のもの」を意味すると考えたのと似ている。

ところで、或るものが或るものであるのは、それが自己に等しいからだ。或るもののこの自己同等性を規定 Bestimmung と呼ぶ。これは質一般を意味する規定性 Bestimmtheit と区別されなければならない。規定は或るものをそれ特有な意味で成り立たせているもののことであり、或るものの「本分」と訳した方がよいかも知れない。ところで、自己に等しいことは、他者と異なることである。したがって、或るものの規定（本分）の内には他者が含まれている。この或るもの自身の内にある他者、これが或るものの限界 Grenze を形成している。そこで或るものは限界を内に有しており、その意味で或るものはすべて有限者 die Endlichkeit です。

これが私たちの住む感覚の世界の在り方です。自然界に有るものは必ず滅ぶ。それは存在するが、存在しなくなるために存在している。有限者は滅びすなわち限界を自分の内に持っている。生まれることは死を待つことです。生まれ出でて滅び、新しい生命が再び生まれ出でて滅ぶ。有限者の世界はこの繰り返しだ。すると、有限者の本分を形成していた限界は、繰り返し乗り越えられてゆくものに変わってしまう。つまり、有限者の内部にあった限界は、有限者の外にあるかのような制限（壁）die Schranke となる。それとともに、有限者の規定（本分）は、有限者自身の内部にではなく、有限者が壁の彼方にある到達不可能な彼岸に対して抱く憧憬、当為 das Sollen となってしまう。壁を作りそれを超えることはまた新たな壁を作ることであり、この動きは止むことがない。これが、質のなかに姿を現した悪無限 die schlechte Unendlichkeit の影です。切りのない繰り返しが定有の姿だということになる。

有論の論理はこの悪無限を克服するものです。では、真の無限 die wahre Unendlichkeit はどこに有るのだろうか。この問い方は正しくない。真無限は自然界のどこかにまたいつか存在するものではない。どんなに高い山も無限ではありえない、どんなに深い海も無限ではない。ヘーゲルは、有限者の真無限は、有限者の、いかなる意味でもその実在性の内にあるのではなく、有限者の観念性 Idealität

［滅び］がその真無限だという。

もう一度有限者の在り方を振り返ってみよう。有限者の存在の真理はそれが永遠に存在するものではないことにある。ここに有限者の観念性（非実在性）が現れている。そして、制限（壁）と、それを乗り越えようとする当為（憧憬）との、無際限の繰り返し、悪無限についてふれた。真無限はこの悪無限そのものの内に姿を見せている。有限者は無限者を憧憬しつつ、自らに戻らされた。他方で、無限者は有限者の当為の対象としてそれ自身有限なものとされた。悪無限とは、有限者が無限性の規定を、無限者が有限性の規定を自らの内に取り入れながら、それが十分ではなかったことを意味している。真無限は、この有限者の内ではなく、また有限となった無限者の内でもなく、この両者が互いに規定し合う、その全体として現れてくる。つまり、有限者も（有限となった）無限者も、この全体のモメントにすぎないこと、それらは実在するものではなく、観念的なものであること、これを洞察するときに、無限性が捉えられている。つまり、定有するものの真無限とは、質的な規定性とは永続するものではなく、観念的なものにすぎないことを知ることにほかならない。

第三章　対自有

質的規定性が観念的なものだとすると、定有という概念はもはや意味を持たず、或るものと他者とが区別されなくなる。これが対自有の世界です。他者と区別されないような定有はもはや或るものとは呼ばれない。ヘーゲルはその存在の在り方を対自有 das Fürsichsein と呼ぶ。対自有とは一《いっ》 Eins のことです。西瓜も葡萄も一つものとしてある。一としての両者の間には規定の違いはまったくない、あるいはそもそも規定を持たない。一の他者もまた一です。

　ヘーゲルは対自有のモデルとして古代の原子論の世界観を考えているのだろう。原子論は、世界は原子と空虚とから形成されていると言う。ヘーゲルは原子（分割を止めた究極の実体）という仮説や空虚の存在という思想を疑うから、このことを次のように考える。すべてのものが等しく一であるならば、万物は他者と異なる規定を持っていない。一は規定を持たない、つまり、一の内には何も無い、言い換えれば、一の内には無が有る。一は有と無との綜合である。これは、始原にあった有と無との同一と非同一の、質の領域における完成された論理であると言える。

　原子論は一と無とを分離して、互いの外部にある原子と空虚と考えた。しかし、一は存在するが、無が存在するというのはおかしい。そこでヘーゲルは、原子と空虚、一と無との関係を、一が（自分自身でもある）無を通して一自身に関係することだと考えた。その一の自己関係が反撥 Repulsion であり、多くの一が互いに引きつけ合うことが牽引 Attraktion です。しかし、一の自己関係は反撥ではなく、牽引ではないか、と疑うかも知れない。その点はこう考えれば納得がいくだろう。ここでヘーゲルが考えているのは、多なる定有がいかにして生まれてくるかということです。一は自らを反撥する。一の自己反撥によって生まれたものは他者ではなく、それもまた一である。こうして、他者ならぬ、多者Viele が生まれる。そしてすべてのものは同じ一なのだから、互いに牽引し合う。

　しかし、存在者が一にして多であるというのは矛盾している。存在者が有する一即多の矛盾は、後に本質論や概念論にも出てくるものであり、存在論一般にとって避けて通れない問題です。この矛盾は、有論においては、次のように考えることによって解消される。一と多の矛盾は対自有（一）という規定性に関わるものにすぎず、その根底にある有そのものには関わらない、と。この矛盾があっても、有そのものは変わることなく存在していると言うのです。そのように考えると、ここに質とは違った有の新たな領域が現れていることになる。つまり、規定性（デアル）と有（ガアル）とが区別されないことが質の領域の特徴であったが、ここでは両者がいわば剥がされ、規定性の変化が有に変化をもたらすことのない、そのような有の新しい国が開かれてきた。これが次の量の領域です。

　反撥と牽引は対立しつつ分離されることもない、この矛盾が次の量の領域を特徴づける性格となる。これはカントの第一アンチノミーの問題でもある。そして量においては、反撥は存在の分離性（離散性）として、牽引は連続性として現れてきます。

七　大いさ（量）

第一章　量

第二篇の主題である大いさとは、空間の大きさのみならず、重さや個数、さらに率や度（第三篇の度とは異なる）によって表示される存在を含み、数学、特に近代数学を対象としています。

質の領域は最後に、一（牽引）でありながら多（反撥）である、という存在者を導き出し、一即多の矛盾に陥って崩壊した。この牽引（連続性）と反撥（分離性）のモメントによって存在者を考え直すのがこの量論です。ヘーゲルは量を、「量は連続性 Kontinuität と分離性 Diskretion の二つのモメントの統一である」（195）と、定義します。一般には、連続性と分離性は相容れない規定と考えられているのだが、ヘーゲルはむしろこの二つを統一している存在者の在り方が量そのものだと言うのです。

例えば、物質の最小単位は何か、を考えてみよう。ある人は、究極の単位はこれであると言い、別の人は最小単位など存在せず、物質はどこまでも分割できると、主張するだろう。前者は存在に分離性を認め、後者は存在の連続性を前提している。ゼノンの運動のパラドックスは、この連続性と分離性との対立の上に考えられており、カントの第一アンチノミーも、この二つのモメントは相容れず、それらを統一する存在者は考えられない、と主張する。その定立「世界は時間的始まりを持ち、また空間的限界を持つ」は、空間・時間・物質の、つまり存在者の量的在り方の分離性を主張するものであり、反定立「世界は始まりを持たず、空間的にも限界を持たない。つまり世界は時間的にも空間的にも無限である」は連続性を主張するものです。カントはいずれも誤りであると言う。

ヘーゲルが連続性と分離性は量としての存在の二つのモメントである、と主張する例を見てみよう。連続量は、例えば部屋の広さ、これは測るものです。他方、分離量は、人の数のように、一人二人と算えるものです。算えることができるのは、それ以上分割できぬもの、単位があり、それがいくつあるか、知ることができるからです。それに対して、測るのは単位を算えるのではなく、全体を測ることです。しかし、両者はただ違うだけだろうか。50㎡の教室に30人の生徒がいるとしよう。50㎡は連続量で、30人は分離量です。しかし、50㎡の広さにも分離性が含まれているのではないか。そもそも測ることは何らかの単位（ここでは1㎡）を仮定して、それがいくつかあるかと算えることです。したがって連続量には分離性が含まれているのです。また、30人を算えることができるのは、彼らが共通性、勉強する子供という性格を持っているからであり、その意味で彼らは連続的である。分離量には連続性が含まれているのです。ヘーゲルは、このように連続性と分離性の二つのモメントを含むものが量であると考え、二つのモメントを含んで存在しているものを分量 Quantum と呼ぶ。

第二章　分　量

「50㎡の教室」と言うとき、50㎡が分量であり、教室は質的な規定性です。質はその限界がはっきりしている。教室と廊下は明確に区別できる。しかし、量の限界、50㎡が51㎡でも49㎡でもないことは、もちろん物差しで測れば確定できるが、見た目だけでは分からない。量というものは限界を超えて他の量へつながっているものであり、他のものへと（増減いずれにしろ）伸びてゆくことにその本性がある（連続性）。しかし、50㎡という大いさはこの教室を他の教室と区別する指標であるから、他を排斥するものである（分離性）。要するに、連続性と分離性の両方を含むことによって、この教室は具体的な一つの大いさ、分量を持つものと考えられるのです。

A．数 die Zahl

まず、算える量、分離量を考えよう。ここでは数論がテーマとなる。分離量を算えるとき、私たちは自然数を用いる。ヘーゲルは「数は完全に規定された分量である」（213）と言う。「完全に規定された」というのは、数が量の性格（規定性と有とが分離していること）を最もよく表しているという意味です。数はそれを担っている有（質）から完全に解放されているのです。ここに3個の西瓜と3房の葡萄がある。西瓜と葡萄の違いは質の違いです。西瓜2㎏と葡萄400ｇの違いは分量の違いです。しかし、質と量が違っても、どちらも3であるという数は同じです。では、西瓜のどれが3個という数の限界を担っているのだろうか。一つ、二つ、三つと算えていったとき、最後のものに限界が出てくるのだろうか。しかし、どれから算えても3個は3個であり、どれもが三つ目になる、全体の限界になりうる。どの西瓜も数としては「同じ一」であるからです。分量の限界はその有のいわば周縁にあるように見えるのに対して、数の限界はいずれの西瓜も担いうるのです。

「同じ一」とは何か。ヘーゲルは数論を考えるとき、ユークリッドの定義を念頭に置いていた。「一とは、各々のものがそれによって一と呼ばれる、単位のことである」(『原論』第七巻定義一)、そして「数とは単位からなる集まりである」(定義二)。「同じ一」とはこの「単位」のことです。ヘーゲルは、数を、単位 Einheit と「単位からなる集まり」(集合数 Anzahl)の二つのモメントからなっている、と考えるのです。

ヘーゲルは単位と集合数から自然数の算法を導き出している。自然数は「数としての一 numerische Eins」を算えることによって生まれる。それを算え合わせることが加法です。算え合わせる数が等しい場合、4+4+4は4×3であり、ここで乗法が生まれる。乗法は加法の繰り返しであるが、等しい数4は単位となり、それの集まりが3ということで、ここに単位と集合数の区別が現れる。単位と集合数とが等しいとき、4+4+4+4=4^2、冪法が導き出される。そして、消極的算法と呼ばれる、減法・除法・解法もこれらの逆算として導き出される。

ヘーゲルの数論では、負数、小数、無理数、そして分数は扱われない。数とは単位(一)からなる集まりであるという原則に固執すれば、これらを数に入れることはできない。しかし分数 der Bruch は量論において特別な意味を担っています。この点は後に述べるが、とにかく分数は分量ではない。私たちは分数を自然数の除法の形式として考えがちであり、10/3と20/6は等しいというが、この等しさは分量としての等しさではない。10/3の商は3で余りは1、それに対して20/6の商は3で余りは2であって、分量が等しいとは言えないのです。

B. 外延量 extensives Quantum と内包量 intensives Quantum

次に、測られる量、連続量について考えよう。連続量は外延量と内包量に分けられる。外延量は大きさや重さを表すもので、加法と減法が成り立つ。20ℓの水に30ℓの水を加えれば、50ℓになる。他方、内包量は強さを表すもので、加法と減法は成立しない。20℃の水に30℃の水を加えても50℃にならない。内包量は異なった外延量同士の除法、例えば、100kmを2時間で走る乗り物の速度50km／hのことです。

外延量と内包量はこのように性質を異にするのだが、先の連続量と分離量との同一と同じく、ヘーゲルは、「外延量と内包量とは分量が持っている完全に同じ規定性である。違いは、外延量は集合数をそれ自身の内部に持っているのに対して、内包量は集合数を外部に持つ点だけである」（235）と言う。この違いを温度を例にして説明しよう。40℃の湯に浸かれば、私たちはある一定の心地よい熱さを感じる。これは間違うことはない、単純な感覚です。全体感覚と言ってもよいが、この感覚がその湯に特有の内包量である。しかし、この単純な感覚（単純であるから質的感覚と言える）、これは温度計の高さによって数値化される。温度計に表されるのは外延量です。その目盛りの上では、40℃に20℃を足すことも可能である。したがって、温度は内包量、質的感覚であるとともに、目盛りに表示される外延量でもある。40℃（内包量）の湯は40という集合数を外部に（温度計の上に）持っている。それに対して、20ℓ（外延量）の水は20という集合数を自分自身の内部に持っている。

外延量と内包量との同一性が明らかになると、量の内に「質的なあるもの」(255)、つまり量の無限が現れてくる。さらに、量の内に質が回復されれば、量と質との統一として、有の新しい在り方、次篇の「度」の領域となる。

C．量の無限

ヘーゲルは量の限界について次のように言う。

> 大いさという規定はそれの他在へと連続してゆくものであって、自分の存在を他者との連続性の内にのみ持っている。大いさの規定は、存在する限界ではなく、生成してゆく限界である。(240)

「存在する限界」とは質の限界のことです。牧草地と森林との間には明確な境界がある。それに対して、500ｇの西瓜は510ｇであっても西瓜に変わりはない。量の変化は、質のように生滅ではなく、増減です。

大いさの増減は限りない。この無際限な進行が量の悪無限の姿です。この「生成してゆく限界」として現れる量の悪無限を解消し、真の無限を探ることがこの節の課題です。限界がどこまでも生成してゆくとは、分離性（限界）と連続性（どこまでも続く）とが、量は本来この二つのモメントの統一であったのだが、それがうまく統一されていないことを意味している。そこでヘーゲルは、この無限進行を止めるには、二つの分量同士の比と、二つの分量の変化の比を指摘すればよいと考える。前者は分数であり、後者は微分係数です。この二つが量における真無限を表している。

質の真無限は対自有、一であった。つまり、存在者を区別していた質の規定性が意味を失い、規定性が観念性となることだった。他方、量の真無限は観念的ではない。実在するものです。ここに10cmの棒がある。これを三等分すれば、一片は3.333……cmです。この無限小数は生成してゆく限界を表し、止まることがない。しかし、この分量は観念的なものではない。私はその一片を手で掴むことができる。無限小数で表される分量はむしろ、量の概念（自分の規定性を自分の内に持つのではなく他者の内に持つ）を忠実に表現するものなのです。けれども無限小数による表記は拙劣だと言える。10cmの棒の三等分は$\frac{10}{3}$cmとも表記できる。ヘーゲルは、量の真無限がこのように分数によって、つまり二つの分量の比 Verhältnis によって表されると言う。彼は、分数を一つの分量としてではなく、分量同士の関係として見ようとしているのです。

さらにヘーゲルは量の変化の内にも真無限を探る。近代数学は量の変化における無限を微分 Differential によって捉えることに成功した。ヘーゲルは、ニュートン、ライプニッツ、ラグランジュらによる微分学成立のドラマのなかに、自らの微分論（量の真無限論）をもって加わろうとするのです。ヘーゲルはニュートンの流率（分量の変化の極限の比）と、ラグランジュの冪級数による形式化から強い影響を受けている。ヘーゲルは真無限の表現が、流率あるいは微分係数（ライプニッツの表記では dx/dy）にあり、それを、「比」、「大いさの質的な規定性 qualitative Größebestimmtheit」あるいは「特性的なもの das Spezifische」と呼ぶのです。（委しくは拙論「微分——比と極限」を参照）

第三章　量的比例

量の真無限は二つの量の比によって表すことができた。ヘーゲルはこのことを三つの比例式（正比例・反比例・冪比例）によって確認する。ヘーゲルの量的比例とは、私たちの言葉で言えば関数のことです。

先に、内包量の例として速度を挙げた。これは「距離÷時間＝速度」で表される。これはまだ量的比例とは言えない。速度は、距離や時間と同じく、それ自身一つの分量にすぎないのだから。そこで今、速度を一定にしてみよう。距離を x、時間を y とし、速度を定数 k とすると、$x/y=k$ で、距離と時間は正比例する。時速50㎞の車は、100㎞走るのに2時間かかり、200㎞走るには4時間かかる。では次に、距離を一定にしてみよう。距離を定数 k、時間を y、速度を z とすると、$yz=k$ であり、時間と速度は反比例する。

ヘーゲルは比例表現の内に、量的性格が次第に止揚されてゆく様子、存在の発展を見ているのです。正比例 $x/y=k$ では、定数 k は x と y の増減に無関心であり、x と y 同士も互いに無関心です。例えば、$100/2$ でも $200/4$ でも、k は変わらずに50です。反比例 $yz=k$ はどうだろうか。y が二倍になれば z は $2/1$ になる。時間が二倍かかったということは速度が半分だということです。y と z は互いに否定的に関係している。否定的に関係し合うことによって、y と z はその量的性格を相殺している、と考えるのです。

三番目の比例は冪比例です。これは自乗を含む比例式です。例として落体の法則 $s=1/2gt^2$ が挙げられている。ここでは定数 g は重力加速度であり、直接的な分量ではない。自乗、例えば 3^2 は、$3+3+3$ であり、一般に a^2 は a（単位）を a 回（集合数）足すことです。先の数論では単位と集合数を異なるものと考えていたのだが、自乗においては単位（分離性）と集合数（連続性）とが同じになる。

量的比例とは関数のことであり、量の変化のなかで、最終的には冪比例において、量のモメントである分離性と連続性とが一つになることが、確かめられたのです。こうして量は止揚された。量の内に質的なもの（分数・微分係数・冪）が見出されると、質を持った分量、すなわち実在する事物の規定性が現れてくる。これが第三篇の「度」です。

八　度

第一章　固有の量

いよいよ有論の最後にやってきた。私はdas Maß《マース》を「度」と訳す。Maßはmessen（測る）に由来する語で、基準や尺度という意味です。実在する事物はそれぞれその節度を持っている。人間の足は20㎝から30㎝であって、１ｍの大足はまず存在しない。その意味ではMaßを節度と訳してもよいのだが、ドイツ語は一母音だから、簡潔に度《ど》としよう。「度量」という訳語は意味不明である。

この第三篇　度は、実在するものの運動を主題にしている。量においても運動が考察されたが、その運動は物体の運動として見られたのではない。その運動論（量的比例論）は純粋数学のなかで考えられたにすぎない。度論はそれに対して物体の運動を扱うもので、ヘーゲルはこれを「自然の数学」と名づける。デカルトの「普遍数学」に当たるだろう。デカルトは『精神指導の規則』第四で普遍数学を、「いかなる材料であっても、順序と度mensuraについて求められうるすべてについて説明する普遍的学問」と定義しており、このmensuraがMaßに当たる。さらに次の本質論でも運動が扱われるが、そこでは運動はある物体自身の性質としてではなく、物体が外的なものによって規定される現象として、相対化されて論じられる。要するに、度においては、運動の力学と（広義の運動である物体の変化を扱う）化学が対象となる。

　さて第一章の固有の量だが、「固有な」と訳した spezifisch は種 species に由来する語であり、種に固有な基準を持つ量ということです。事物はそれぞれその種（質）にふさわしい量を持っている。そのことを、物は度を持つという。生命体はもちろん、人間の作る国家のような組織体も度を持っている。度を超えると、物は破滅する。このように度は質と量とが統一している存在の在り方を指し、それの存在の質を量によって表現することである。

　足に固有な量は他のものの分量を量る際の基準となる。このことを、標準事物の度が他の事物を固有化する spezifieren という。足の固有量が、3フィート（フース）のように、別の事物の長さを測る単位になるのです。（以上、A．固有の量 das spezifische Quantität）

　固有化とは、単に一つの物体の内に度を探るのではなく、度を二つの分量の比として表すことです。例えば比熱 die spezifische Wärme がそうです。日本語では比熱というが、ドイツ語を見ると「固有の熱」の意味です。例えば鉄の比熱とはその単位質量の温度を1℃上げるのに必要な熱量のことであるから、鉄に固有の熱のことです。ただし、一般に鉄の比熱は水の比熱との比によって表すことができる。（以上、B．固有化する度 spezifisches Maß）

　先に、度は存在の質を量によって表現することだと言ったが、そのことは逆に、度とは量の内にそれの限界を、質的なものを見出すことだとも言える。ヘーゲルは「分量に内在する本来の質的なものは、以前明らかにしたように、冪の規定のみである」（377）と言う。冪すなわち自乗には量の自己関係（自己止揚）が現れており、そこに質的なものが見出されると考えられるからです。そこで、ヘーゲルは冪規定の発展を見出すために、三つの運動法則を検討する。運動法則は、時間（t）と空間（s）という質的に異なる二つの量から形成されており、度は法則の係数（a）として現れる。三つの法則とは次のものです。

1. 等速度運動の法則 s/t （$s=at$）
2. ガリレオの自由落下（等加速度運動）の法則 $s=at^2$
3. ケプラーの天体運動の法則 $s^3=at^2$

最初の等速度運動には冪規定は存在しない。これは単なる一次の分量同士の正比例関係にすぎず、物体の機械的運動を表現しているだけである。第二の自由落下の法則は、空間量が時間量の自乗に比例することが示されている。したがってたしかに冪規定はあるが、空間量の方は一次の量つまり経験的な分量にすぎないから、この法則は無限進行に陥ってしまう。物体の「自由な」落下運動であると言いながら、落下は重力の影響を受けざるをえず、物体の自発的な運動とはいえないのです。最後の天体の運動法則には冪比例が完全に表現されている。地球上の物体は地球の重力から解放されてはいないが、天体は重力の影響を脱して、自らの度に従って自由な運動をしている。天体の物体は、度の内に見られる自立した対自有と言える。（以上、C．度における対自有 das Fürsichsein im Maß）

第二章　実在している度

天体のように他からの影響を受けず、それ自身が度を持って自由な運動をする物体を、ヘーゲルは独立体 Selbständigkeit と呼ぶ。以前の運動法則における度とは異なって、ここでは実在する独立体そのものの度が問題になるので、「実在している度」と呼ばれるのです。独立体は天体のみならず地上にも存在する。地球の引力の影響を受けないことが独立体の本質であるから、ここで扱われる物体はいわば自らが引力を持つものと考えられる。

最初に論じられるのは地上の独立体がそれ自身有している度、次に二つの独立体の間に見られる度の比である。前者が比重、後者が中和です。第一章の対象は力学であったが、この第二章は物質の質的変化を見るものであり、化学がテーマとなる。ただし、質的な変化とは言っても、質論のように或るものが他のものへと移りゆくことではない。ここでは、変化しない恒常的要素から構成されている物質における、その要素の組成の交替が、物質の質的変化を生むと考えられているのです。

A．独立している度の比 das Verhältnis selbständiger Maße

ヘーゲルは、独立体をどのレベルで考えているのか、明確ではない。原子や元素では小さすぎるし、物体一般では大きすぎる。私は単体と考えるのが妥当だと思う。ダイアモンドと石墨は、炭素という同一の元素からなる、質的に異なった単体という意味で。独立体の持つ度の比は、まず一つの独立体における比重として考えられ、次に二つの独立体の中和において考えられる。

比重は、ドイツ語では spezifische Schwere、つまり物質が持つそれに固有の重さという意味です。英語では specific gravity、つまり物質固有の引力です。物質は、地球の引力から解放されて、固有の引力を持つに至ったのであり、自立した独立体となった。ヘーゲルは比重を「重量／体積（g/cm^3）」の比で表されると考えているが、これでは密度になってしまう。エンチュクロペディーでは、「単純で抽象的な固有化は物質の比重あるいは密度である」と言っているから、彼は両者を区別していないのかも知れない。比重はある物質の密度と標準物質（4℃の蒸留水）の密度との比であるから、ディメンジョンを持たない数である。そこで私は、ヘーゲルの比重は現在原子量と言われるものではないかと思う。

実在する度はまず一つの物質が持つ比重として考えられた。次にここでは、ある独立体が別の独立体と結合するときの、その比として現れる。化学の中和 Neutralisieren あるいは親和性 Verwandtschaft と呼ばれる現象の内に現れてくるものです。酸と塩基は一定の割合で中和する。その割合、化学当量が物質の持つ独立した度である。元素のレベルで言うと、水 H_2O は水素原子二個と酸素原子一個からなり、成分元素の質量比は「2×水素の原子量（ヘーゲルの言う比重）：1×酸素の原子量（比重）」であり、水素 1.008 に対して酸素 8.00 が化合する。酸と塩基の当量は、酸素として作用する水素1当量を含む酸の量を、酸の当量として、それと中和する塩基の量を、塩基の当量という。

ヘーゲルはこのことを次のように表現する。ある独立体が自分の質的定数（当量すなわち度）を表現するのは、それと異なる独立体との一定の比においてである。二つの物質が結合しているとき、一方の物質により強い親和性を持つ他の物質が加えられると、加えられた第三の物質は一方を追い出して、他方と結合する。これが選択的（排除的）親和性と呼ばれるものですが、化学に限らず、男女の三角関係（ゲーテの『親和力』）にも見られるものだろう。ヘーゲルが選択性にこだわるのは、親和力の強弱という量的規定が質的な変化をもたらすことを強調するためです。量的変化が質的変化を生むのです。

一言付け加えておきたい。ヘーゲルは親和性に関して十一段落からなる長い注を付けて、当時最先端の化学理論を紹介するとともに、それらを批判している。微分と同じように、彼は積極的に当時の自然科学論争に参加しようとしている。彼の批判が科学的に価値を持つか、またそれに対して数学者や化学者から反論があったか、不明ではあるが。特に第二版では、当時化学の権威であったスウェーデンのベルセーリウスの二つの理論、「微粒子哲学」（要するに原子論）と「電気現象と化学現象とを完全に同一とする理論」（電気化学一元論）を厳しく批判している。やや感情的とも思えるヘーゲルの批判は、ニュートンに対する批判もそうであるが、彼の反権威主義のなせるものだった。十分な検証もなさずに、多くの化学者がニュートンやベルセーリウスを権威者に祭り上げていることに対する学問的反撥であった。

B．度の比からなる結節線 Knotenlinie von Maßverhältnissen

A節では、比重と化学的中和、そして選択的親和性が取り上げられた。選択という概念は独立体が化合において示す質的性格であった。このB節では、ヘーゲルはさまざまの独立体同士の結合を一つの直線上に配列して考えようとしている。注にある例が分かり易い。

> 酸素と窒素との結合によってさまざまの酸化窒素と硝酸が生じる。それらの化合物は混合の一定の比においてのみ生じ、それらは互いに異なった質を持ち、中間の混合比においては固有の実存を有する結合が生じることはない。（414）

この「一定の比」が結節と呼ばれるものであり、それを連続する直線（結節線）上に記して、その混合の推移を見ようとするのです。この例は、ドルトンの倍数比例の法則や元素表の考えと結びつくものであり、ドルトンはその法則を原子説の根拠と考えた。しかしヘーゲルは、物質の本性が原子のような分離性にあるのみならず連続性にもあると考えるから、連続する線分を仮定してその漸進的変化のなかである結節点で質的変化が起こると考えるのです。

漸進的変化（連続性）の内に突然に質的変化（分離性）が現れる例としては、注にある水の変化が分かり易い。水は温度の漸進的変化の内で、ある温度で突然に、固体から液体へと、さらに液体から気体へと変化する。「温度変化という漸進的にすぎない進行が、ある地点で突然に中断され阻止されるのであり、他の状態が出現するのは飛躍 Sprung による」(414)。連続性と分離性は量の最も基本的モメントであった。さらにそれらは限界の概念によって有限と無限を考えてきた有論そのものを成り立たせるモメントだったとも言える。その連続性と分離性の最後の姿（崩壊する姿）がここに現れているのです。

C. 度外れ das Maßlose

飛躍は変化を説明する新しい概念です。質における変化は生滅、量では増減、いずれもその領域内部における漸進的変化であった。ところが、度の変化は、水の例に見られるように、量の変化が新たな質を生み、生まれた質はまた量の変化に繰り込まれる。これはもはやこれまでの変化の概念で理解できるものではない。質と量、二つの領域そのものの間のこの変化を、ヘーゲルは「Abwechselung」と言い直している。何と訳すべきだろうか。領域同士が替わるのだから、「交替」と訳しておこう。

さて、この交替のなかに、有論最後の、つまり第三の悪無限が現れる。質の悪無限は当為の対象である無限であり、量の悪無限は無限小数で表される無限進行であった。度の悪無限は質と量との限りない交替のことです。たしかに結節線は連続性と分離性との統一を上手に示すものであった。氷はある結節において水となり、水は別の結節において水蒸気となる。ところが、この交替は止まることがない。度の最高表現であった結節線が、それ自身度を欠くもの、度外れのものになってしまったのです。さて、ここでヘーゲルは、有論の三つの無限を総括しています。興味深い文章なので少し長いが引用しよう。

> 質の無限は、定有において見られるように、直接的な移行であり、また此岸がそれの彼岸の内で消滅することであり、有限者に即して無限者が突然現れることであった［分離性］。それに対して、量の無限は、既にその規定性から分かるように、分量の連続性、分量が自分を超えて連続することであった［連続性］。質の有限者は無限者に成る werden。量の有限者は自分の彼岸を自分自身に即して持っており、その彼岸を自分の外に指し示す hinausweisen。ところで、度の固有化の無限は、質的なものと量的なもの、これらが互いに止揚し合うものであることを、措定する setzen。度の無限は、度一般がそうであること、つまり質的なものと量的なものとの最初の直接的な統一であることを、措定する。しかも、そのことが自己に帰っていることを、つまり措定されていたこと gesetzt を、措定する。（417）

度外れという悪無限が解消されるのは、質と量とが互いに止揚し合うことによってです。量から質への交替は、量が質であったことを理解させたのです。そもそも質と量との区別が意味を持たないことを知らしめたのです。したがって、質の変化も量の変化も存在そのものに関わるものではないことが分かったのです。質と量の変化は「有」といわれた存在の状態 Zustand の変化であるにすぎず、そうして状態の変化にかかわらず持続して存在するもの（措定されているもの）が見えてきたのです。この持続するものが次のテーマである「無差別 Indifferenz」という概念です。

第三章　本質の生成

この引用文が興味深いのは、有論の質・量・度の存在者の在り方が、存在の三つの異った活動として語られている点にある。質は「成る」、量は「自分を外に指し示す」、そして度は「措定する」（厳密に言えば、何か見知らぬものを措定するというのではなく、帰るべき自己を措定するという働き）。措定はもはや有論のものではなく、本質論の反省の働きです。これについては次の第二巻で述べます。

度は、これまでの有の規定性が止揚され、初めへと帰り、しかし措定されたものであることを示した。つまり、有の規定性は今後はただモメントとしてのみ存在するものであることが明らかになった。ここにはいわば無規定的なカオス状の「状態」が現れている。その状態を支えているもの、存在者の新たな基体 Substrat が、有論最後のカテゴリーである無差別です。ヘーゲルは無差別を「質料 Materie」あるいは「事柄 Sache」とも呼ぶ（419）。

無差別の語はシェリングの一者としての無差別を念頭に置いているのだろう。しかし、シェリングの無差別は哲学の初めに仮定された原理としての無差別だが、ヘーゲルの無差別は有論の長い弁証法を経て自己に帰ったものであり、この章で問題になるのは、そのように既に措定されているものを改めて措定することである。そうして、次の存在の領域である本質がいかにして生成するかを見ることである。その叙述はまことに難解で、私は十分に理解できないのだが、ヘーゲルは無差別を、惑星の運動を統一している、あの独立体としての「天体」を例にして、無差別は「自分の内にとどまる否定的で絶対的な統一」（423）であると言う。この統一が本質である。本質は自己に否定的に関係しているもの、つまり自己を反撥するものである。その本質の反撥によって生まれる、今までの有とは異なった新しい存在者について、ヘーゲルは次のように説明する。

［本質が］反撥したものは自立していない。それは独立体としてあるいは［本質の］外部に有るものとして、現れ出てくるのではない。それらは［本質の］モメントとして存在する。——つまりそれらは、第一に、即自的に存在している統一［本質］に属し、その統一から解放されることはない。第二に、対自的に存在する統一に内在している諸規定［本質規定］と見られるならば、それらは諸規定相互の反撥によってのみ存在する。それらは、有の領域においてそうであったような有るもの Seiendes ではなく、今はただ措定されたもの Gesetztes としてのみ存在する。つまり、それらは統一との関わりにおいてのみ存在し、したがってそれらの規定はそれの他者及び否定者との関係の内にあるという規定と意味を持っている。——このことを規定の相関性 Relativität と呼ぶ。（430f.）

本質論

九　自己自身の内にある反省としての本質

これから存在者の新しい存在の仕方を考えます。有論では存在者は「有るもの」であった。本質論では存在者は「措定されたもの」として在る。措定する setzen（英語で set）とは、何かをある状況に置く、ある事態を想定する、という意味です。措定されたものは感覚的に見えるものではない。直接的に在るものではない。モメントとして在るものである。これこれと想定されることによって初めて現れてくる存在者です。アランはこの本質論を「砂漠」と形容している。七色の虹も、本質においては措定された gesetzt ものとして、つまり色も形もない法則 Gesetz として見られるのです。デカルト風に言えば、本質論は「物質的世界の存在証明」に当たる。本質論は、感覚の世界を超えて私たちが設定する世界が、真実であるかどうか、を確かめるものです。

　有と本質の違いを、この一茎の野花を例にとって説明しよう。それは春に花を咲かせ、夏に実を結び、やがて秋には枯れてゆく。その有は、生まれては滅し、滅しては生まれる、この生滅《しょうめつ》の果てしない繰り返しにある。有論は、このような存在者を、感覚し（質）、算え（量）、測り（度）、最後にこれらの規定性が消えて無差別となり、自己に帰る、その過程を描いた。ところで、この無差別（ヘーゲルの言う「自己否定的統一」）から見れば、野の花の存在は別のかたちで見えてくる。花は枯れることによってかえって、花の本質、その存在の根拠を、現してくるのではないか。つまり、花の本質は、小さな花を包み込む自然の「全体」にあり、花の生滅を促す「力」であり、花を咲かす「原因」にある。これらが本質論で扱う反省規定です。

第一章　仮　象

　この章の中心は、反省 Reflexion の活動の解明にある。エンチュクロペディーではこの部分は省略されている。おそらく教科書としては難しすぎると、ヘーゲルは考えたのだろう。もしヘーゲルに本質論を改訂する機会があったならば、反省論は大幅に書き換えられたのではないだろうか。反省について説明する前に、まず仮象について話そう。

　仮象は「見かけ」の意味で、一般には、本物ではないもの、本質と対立しそれより劣ったものと考えられています。しかし、仮象と本質とを別のものと考えてはならない。ヘーゲルは仮象を「有の残滓《ざんし》〔としての本質〕」あるいは「有の規定性の内にある本質そのもの」(12)と言っている。仮象と本質とを対立させると、仮象は虚偽で、本質のみを真とする古い形而上学に戻ってしまうか、仮象は主観の構成する現象にすぎず、本質は物自体として別にあるという、カント哲学になってしまう。仮象以外に本質はどこにもないのです。その本質がまだ有の姿を引きずって現れてきたものが仮象です。

　仮象は有で無いものとして在る。有の領域では無で有ったものである。これは新たなかたちでの、有と無との統一である。有論ではその統一は成〔変化〕であったが、本質論では仮象が有と無との統一です。無であることがその存在であるとは、仮象の存在は無なるものの自己関係としてあるということです。この無の自己関係が反省（反照）と呼ばれる。

　ヘーゲルは有る **sein** の過去分詞 *gewesen* には本質 *Wesen* が含まれていると言う(3)。たしかにアリストテレスの本質 **to ti en einai** は「あるべくしてあったもの」、過去にあるいは永遠に在るものの意味です。プラトンのようにイデアを空間的に別の所に超越的に置くのでなければ、時間のなかで本質を、あったものとして考えざるをえない。ヘーゲルの場合、本質は有の内に既に「あるべくしてあったもの」なのです。

　さて、ヘーゲルの反省論を考えよう。反省とは近代哲学に固有の方法である。デカルトの「我思う、故に我あり」は、自己意識の確実性から存在の根拠を導き出そうとするものです。しかし、我思う、つまり自我が自我を措定することはどのようにして証明されるか。その証明は自我の自己措定以外には考えられない。この点に反省につきものの循環のアポリアがある。別の言い方をすれば、認識の前提であるもの、反省以前のものを、反省によって根拠付けること、この操作は不可能であるということです。カントはこのことに気づいていたのであり、彼は、「我思う」は単に論理的な働きにすぎず、存在には関わらない、と言う。

この循環のアポリアを解決しようとするのがヘーゲルの反省論です。ヘーゲルは既に『差異論文』において、近代の反省が循環のアポリアに陥って、有限と無限、主観と客観などの分裂を生むことを指摘し、その点で「反省哲学」を批判する。そのような分裂は、信仰と知の対立、宗教と哲学との対立が、哲学そのものの内に移し入れられたことによって生まれた。そうであるならば、哲学の課題はこの分裂を引き受け、その解消を考えることにある。絶対者は既に現存している。哲学の内に宗教が移し入れられたのだから。しかし、絶対者を把握することは、知的直観や直接的感情によるのではない。あくまでも哲学的な反省の内で、その反省を徹底させて、意識に対して絶対者を構成する必要がある。では、どのようにしてヘーゲルは分裂あるいは循環を克服するのか。

> 反省とは、帰ることであるが、その帰ることにおいて初めて始まるあるいは帰る、そのような運動である。（15f.）

ヘーゲルは反省 Reflexion を帰ること Rückkehr として理解するのです。何がどこに帰るのか。無である仮象が自分に帰るのです。有論の初めでは、有が無に、無が有に移った（そして成のカテゴリーが生まれた）のであって、無が無に帰ったのではない。この「否定的なものが自己へ帰ること」(15) から反省は始まり、その反省は分裂を超えうるものであることが明らかにされる。

ヘーゲルは反省として、措定的反省、前提的反省、外的反省、規定的反省の四つを挙げている。措定的反省 die setzende Reflexion とは直接に自己を措定することです。反省が帰ることとして自己（すなわち反省）が初めて成立するならば、反省の以前に他者は存在しない。しかし、自己を措定するのであれば、それは「否定的なもの」ではないことになる。実在的なものであることになる。したがって、反省は措定の働きを止揚する。つまり、措定的反省は、それがそこから帰るところのものを前提していることになる。これが前提的反省 die voraussetzende Reflexion です。

次に、この前提的反省からして、「有を前提している」(18) 反省は外的反省 die äußerliche Reflexion ということになる。この外的反省は、反省を、それの及ばない直接的なものすなわち外的なものに関わる思惟の働きだと考えるものだから、私たちの普通の思惟であり、近代の反省哲学を指している。そして三番目に、措定的反省（否定的なものの自己関係）と外的反省（直接的なものに関わる反省）との統一として、規定的反省 die bestimmende Reflexion が指摘される。これは、外的直接性の内における存在の自己措定の活動です。この活動が新たな存在の規定を生む。この反省によって生まれる存在の規定は反省規定と呼ばれる。反省規定は、有論のカテゴリーのように他者に移りゆきそれ自体は消えてしまうものではなく、自己を保存しつつ他者との関係の内にあり、相関の内で持続する規定である。

ヘーゲルは以上の反省を総称して「絶対反省 abosolute Reflexion」(14) と呼ぶ。絶対反省とは、反省が自我の活動であるのではなく、絶対者（存在）の活動だということです。絶対反省は「反省哲学」の分裂を克服し、思惟と存在は同一であるという素朴な古代哲学の信念を、反省としてとらえられた思惟を通して、回復するものです。反省を自我の自己活動としてのみならず、存在としての絶対者の帰ることとして理解することによって、それは可能となるのです。

第二章　本質態あるいは反省諸規定

ヘーゲルは反省規定として、同一、区別（絶対区別・差異・対立）、矛盾の三つをあげ、さらに「最後のあるいはむしろ止揚された規定である反省規定」(65) であるところの根拠をも、反省規定に加えている。根拠は「止揚されている」点で、他の反省規定と異なり、「実存」に関わるものなので、第三章で説明しよう。

反省規定は、形式論理学の思惟の原理、同一律（矛盾律）、差異律、充足理由律（根拠律）に当たる。有の規定性すなわちカテゴリーとこの反省規定の違いを考えてみよう。「リンゴは赤い」の「赤い」は或るものの質を表すが、「赤と青は異なる」というとき、この「異なる」という規定は或るものを規定するものではなく、赤と青の質的規定性同士が「差異」という関係にあることを表現している。したがって、反省規定は特定の或るものに関わるのではなく、すべての或るものに妥当する普遍的な規定です。ヘーゲルは大論理学では上のように（根拠を除いて）五個の反省規定を挙げているが、私は、それらを同一・差異・対立の三つにまとめたい。これはエンチュクロペディーと同じ考え方です。

A. 同一 die Identität

同一律はA=Aで表される。すべてのものは自己と同じということであって、AとBは同じ、A=Bということではない。ここにはまだAの他者は一つも存在していない。「すべてのものは自己と同じである（変化しない）」という存在のこのとらえ方は、「すべてのものは有る（変化する）」という有論における存在のとらえ方とははっきり違っている。存在が直接に捉えられるのではなく、それ自身との関係においてすなわち反省を通して捉えられているのです。

同一律A=AはA=~(~A)、つまり「すべてのものは自己でないものではない」、「Aは同時にAでありかつAでない、ということはありえない」とも表現できる。これが矛盾律です。同一律と矛盾律は、自己同一という同じ事柄の異なった表現にすぎない。先の反省論でいうと、措定的反省と前提的反省の関係と同じです。同一とは、自らの否定（~A）（「絶対区別」と言われる）を否定して自らに帰ることです。したがって、自己同一の内には既に区別が、ただし「即自的に」、含まれているのです。

B． 差異 die Verschiedenheit

二番目の反省規定が差異です。これは大変重要な役割を担う規定なので、それが持っている三つの意味を説明しよう。差異律は「すべてのものは（互いに）差異している」です。西瓜と葡萄は違うと言うが、これは差異の第一の意味ではない。西瓜が葡萄と違うと言うためには、そもそも西瓜が西瓜であること（自己同一）が必要です。「すべてのものは自己と同一である」ということが、ここではすべてのものは「自己に関係している」（35）と捉え直されている。差異という語は他のものとの関係を連想させるが、差異の第一の意味は自己に関係することであり、存在者はすべて差異している、砕いた言い方をすれば、存在者はただ自己の内に反省しているだけで、互いにばらばらに存在しているということです。

次に、ばらばらに存在しているもの同士の関係が問題です。これが等 Gleichheit と不等 Ungleichheit という差異の第二の意味です。西瓜と葡萄は、果物という点では等しく、形としては等しくない。これは、私たちが普通に理解している、比較の意味での差異、同じか違うかということです。しかしここには問題がある。等や不等を指摘する視点は恣意的であって、比較されるものとの必然的つながりがないではないか。この疑問はもっともで、別の言い方をすれば、比較はただ或るものとしての西瓜と葡萄について言われているだけであって、本質論の主題である反省規定そのもの、つまり等と不等との関係そのものが問題になっていないではないか、とも言える。言い換えれば、実在物との関係でのみ等や不等を問うだけであれば、等という反省規定そのものはどこまでも等であり、不等という規定もあくまでも不等のままであるから、いずれも規定として自己に等しいにすぎず、不等という反省規定が考え出されていないのです。

差異の第三の意味は、この自己に等しくない反省規定、不等そのものという反省規定が何かということです。ヘーゲルは西瓜と葡萄の等・不等ではなく、等と不等という反省規定そのものの関係を見つけようとするのです。実在物のレベルにおいてではなく、反省規定のレベルにおいて、等という規定は不等という規定を含むことを（その逆も）証明したいのです。私たちは西瓜と葡萄を比較するとき、頭のなかで等と不等の規定を両立させている。しかし、「比較する者は、等から不等へと帰り、そして不等から等へと帰る。したがって一方を他方の内で消滅させるのであり、比較する者は実際は両者の否定的統一である」(38)。この否定的統一、等と不等そのものにとっての他者が、差異の第三の意味です。

否定的統一を考えることによって、等は不等を含み、不等は等を含むことが明らかになる。「両者〔等と不等〕は……第三のもの、それらの他者、その他者の、等と不等となる。」(38) それはこういうことです。等は、等に不等なもの（第三者、否定的統一）に等しい。不等なものに等しいのであれば、等は不等である。同様に、不等は、不等に不等なものの不等である。ゆえに、不等は等である。面倒な議論ですが、こうして、等は不等であり、不等は等であること、両者が互いに他の規定を含むことになり、相関の地盤が形成さるのです。同一という反省規定はただ自己へのみ反省するものであったが、こうして差異を考えることによって、他者を持った相互的な反省規定が可能になるのです。

C. 対立 Gegensatz

ヘーゲルは対立を、「対立とは同一と差異との統一である。対立し合う二つのモメントは同じ一つの同一性の内で差異する」（42）と定義している。西瓜と葡萄は差異してはいるが対立してはいない。同じ一つの同一性（上に言う「否定的統一」）が考えられていないからだ。西瓜に対立するものは「西瓜でないもの（非西瓜）」です。西瓜は「積極者」、西瓜でないものは（否定表現を含むから）「消極者」と呼ばれる。積極者は「不等への関係をそれ自身の内に含む等」であり、消極者は「等への関係をそれ自身の内に含む不等」です（43）。この対立においては、両者の間に第三者を容れることはできない。

この関係は排中律（A ∨ ~A）で表され、ヘーゲルは「排斥的対立」と言う。ヘーゲルの挙げる例は、父と子の対立です。私たちは父を考えるとき、子のいない父はありえないのだから、同時に子も考えている。父を措定するとは、「父－子」の相関の内で父を考えることです。対立においてはまず関係が考えられているのであって、関係を構成する二つの項は関係（否定的統一）のモメントにすぎない。「互いに無関心であった差異の二つの側面が否定的統一のモメントとなるとき、差異は対立となる」（39）。

以上は、対立する二者が互いに他を含むという包含（同一）の側面です。しかし父も子も「自立した有」（45）であるから、父は子でないことによって父であり、子は父でないことによって子である。この側面は排斥（差異）です。対立はこのように包含と排斥とを同時に含むものである。これが矛盾、Widerspruch です。対立における矛盾は実在的です。それに対して、先の同一性において説明した矛盾は形式的な矛盾にすぎない。

　こうして最後の反省規定である対立（実在的矛盾）に到達したのだが、ヘーゲルは「矛盾は解消される」（52）と言う。何が解消されて、解消された後に現れるものは何であろうか。矛盾が解消され、「矛盾の内で没落するものは被措定有である」（53）と言う。反省（否定的統一）の活動が解消されるのではない。「被措定有」は父と子であるが、ヘーゲルはその被措定有を「止揚される直接的なものとしてではなく、止揚される被措定有」（53）として措定することになる、と言う。「止揚される直接的なもの」とは反省論の最初にあった仮象です。それに対して、「止揚される被措定有」とは、仮象とは異って、いかなる意味でも存在者ではないもの、モメントのことです。これは、次篇「現象」で論じられる、カントの力学的カテゴリーのことです。私たちはこのカテゴリーによって、世界を法則の支配する国として改めて叙述してゆくことになる。

　反省は自らが措定した最後の反省規定である矛盾が解消するのを見て、「自己に帰り」「自分自身と合致する」（54）。ただし、単に元に戻ったのではない。「本質は、それ自身において矛盾する自らの諸規定を止揚することによって、復活を遂げる」（54）。この復活した本質が「単純な本質だが、根拠としての本質である」（54）。

すべてのものはそれが存在するための十分な根拠（理由）を持っている、これが根拠律です。有の領域では、存在者はただ直接的にあり、感覚されるものであったが、本質では、存在者は根拠によって媒介されているのです。「雷はなぜ起こるのか」、この「なぜ」が根拠を問うことです。雷の起こる理由は放電です。しかし、放電現象は雷そのものなのだから、根拠は単なる言い換えにすぎないように見える。根拠とは何か、この問いは実は難しい。

ヘーゲルは「根拠が根拠であるのは、それが他者の根拠である限りにおいてである」（エンチュクロペディー§121）と言う。根拠は他のものの根拠としてのみあり、それ自体が何であるかを問うことはできないのです。根拠の同一性（存在）は他者の内でしか示されえない。同一性の意味がここで変わったのです。自己同一ではなく、他者との関係のなかで同一性が考えられるようになった。「根拠」と「根拠付けられるもの」の相互関係において同一性を考えるのです。しかし、根拠そのものの同一性が分からないのだから、この関係は、雷と放電のように、同語反復にならざるをえない。

同語反復の無意味さを克服するために、アリストテレスは「形式 Form：質料 Materie」（：によって相関を表わす）という相関を考えた。「意味するもの：意味されるもの」の対概念も同じです。この場合、形式は質料を規定する bestimmen と説明される。規定するとは反省すなわち思惟の働きです。ところが逆に、質料は形式を制約する be*ding*en とも言う。制約の語には「物 *Ding*」の語が入っており、ここに次の第二篇「現象」すなわち物の世界体系が暗示されている。

しかし、形式が質料を規定するということは、アリストテレスのように、それらを形相因と質料因のように存在の原因と考えることではない（原因は第三篇「現実」で問題にされる、より優れた概念です）。そうではなく、形式が質料を規定するとは、形式が質料の三つの在り方（「本質」と呼ばれる有・「質料」・「内容」）を規定してゆく過程を、「［有に対する」形式の支配」（77）の進みゆく過程として、明らかにするものです。定義の進展と言い換えてもよい。最後の「内容」は、完全に形式によって規定し尽くされそれ自体が規定となった質料のことです。事象はこの「形式：質料」の方式によって定義されたものとなる。そこに法則としての存在が現れる。この存在は、有と異なり、変化せず持続する。持続するものは感覚によって捉えることはできず、悟性が把握するものです。その例として、ヘーゲルは「惑星の公転は惑星と太陽との間の引力によって生じる」を挙げている。「惑星の公転」が定義されるもの、形式であり、「引力」が定義するもの、内容です。（以上、A．絶対根拠）

しかし、この例では定義するものと定義されるものとを入れ替えても意味は変わらない。したがって、これは形式的な根拠にすぎない。私たちは形式的根拠が挙げられても満足しないでしょう。そこで、「刑罰の根拠は何か」と聞かれれば、「犯罪者の更生」と答えたり、「懲罰」と言う人もいるだろう。これをヘーゲルは「実在的根拠」と名づける。しかし、犯罪と更正あるいは懲罰との関係は外面的なものにすぎない。（以上、B．規定的根拠）

根拠の以上の規定の進展をみると、根拠は自らを根拠づけることができない、根拠の無根拠性が逆に明らかになってくる。根拠は根拠づけられえぬ直接的なものを前提せざるをえないことになる。この直接的なものを、ヘーゲルは無制約者 das Unbedingte と呼ぶ。ここに根拠の第二の、質料が形式を制約するという活動が現れてくる。こうして反省の極において、「有の領域が回復される」（100）のであり、この制約論は形式論理（反省規定）から有を扱う存在論へと移る重要な役割を果たしている。

根拠の根拠は無制約者である、このことは次のようにして論証できる。制約論の相関は「制約するもの：制約されるもの」ではない。これは先の「形式：質料」という定義の相関にすぎない。制約の相手は、被制約ではなく、無制約であり、「制約するもの：制約されえないもの」です。形式は質料を規定していったが、両者は互いに前提しあっていたのだから、形式の規定の働きには同時に質料の制約の働きが伴っていたはずである。そこで形式の規定活動の極限において、質料の極限にあるもの、つまり、形式を一切受けつけないもの、無制約者が現れるのです。これは「それ自身［が自分の］根拠であるところの制約」（99）であり、事柄 die Sache（有論においても「無差別」として既に出てきた）と呼ばれる。反省の根拠づけの運動が、反省を超えたものを生み出したのであり、事柄《ザッヘ》とは、反省の自己止揚として現れてくる、媒介を内に秘めた直接的なものである。これが「実存 die Exsistenz」と呼ばれるものです。（以上、C. 制約）

十　現象

現象は知覚と悟性によって捉えられる存在です。それに対して、感性は現象以前の存在（有）を捉え（有論）、理性は現象以上の存在（理念）を捉えるのです（概念論）。まず知覚は窓外の花々やそれを揺らす風をそれぞれ一つの「物（実存）」と捉え、悟性は諸物の総体を「世界」と理解する。したがって、第二篇 現象は、存在を世界と捉える、いやむしろ主観によって世界を構成する、世界措定の三つの方式、実存・現象・相関による世界解釈を扱うものです。私たちは自分が見たいように世界は現象していると考えているのです。

反省的思惟はまず世界を「物」（一として実存するもの）の集まりと見なす。それが失敗に帰すと、次に、世界は「法則」からなる（狭義の）現象だと考える。これにも失敗すると、最後に、悟性は世界を本質と現象との「相関」の全体だと考える。ヘーゲルはこれらの世界措定のいずれもが「自ら破綻する」（141）と言う。現象論は世界解釈の失敗の記録であるが、なぜ失敗するのか。それは、本来自己へと反省すべきである思惟が、根拠から出て、現象においては自己を失い他者に向かい、相関的な思惟になったからである。相関は矛盾している。相関を構成する「各々の項の存立は、他の項への関係においてのみ、あるいは両項の否定的統一の内でのみ、意味を持つ」（141）のに、各項がそれ自身で自立的なものであるかのように振る舞うからです。

第一章　実　存（物）

実存は一般に、中世スコラ哲学で、本質 essentia の対立概念であった事実存在 existentia の意味で使われる。しかし、ヘーゲルは本質と実存を対立させることはない。実存以外に本質は存在しえないからです。実存はその語からもわかるように、本質が「外に現れ出たもの ex-sistens」である。根拠となった本質は、根拠は他者の内でのみ自己であるのだから、外に現れ出ざるをえないのです。

外に現れ出た本質が実存であり、現に実存しているものを物 das Ding と呼ぶ。物を基礎として、多数の物からなる体系を世界と呼ぶのが、実存的な世界解釈、いわば物的な世界像です。ある存在者を一つの物として捉えることは、思うほど簡単なことではない。生まれたての赤ちゃんはさまざまの感覚的刺激を受容しているが、それを一つの物に纏めてはいない。多数の感覚的なドットから一つの纏まりを見出す働き、これが知覚です。しかし、ここに問題が生まれる。感覚は多数なのに、それを一つの物として捉えることはどのようにして可能か。つまり、また一と多の問題です。

ヘーゲルはこの問題の三つの解決法を提示している。どうすれば物（一）とそれの諸性質 die Eigenshaften（多）との関係を正しく規定することができるか。まず第一の考え方は、(a)諸性質（多）は実存するものであり、物の方は、諸性質を載せている皿のようなもの、物自体（一）であると考える。

すると、「世界は互いに異なる〔複数の〕物自体 Dinge-an-sich から成る」（111）ものと説明できる。物自体は無規定であるから、性質は物に属するのではなく、認識する主観に属している。この世界解釈はロックやカントのものです。しかしこの説明はおかしい。物自体が無規定であるならば、どの物も互いに区別されず、世界は一つの物からなることになり、複数の物自体が存在するという仮定に反することになる。

　この説明が失敗した原因は、性質を物の方に帰属させなかったからです。そこで、(b)「物は〔複数の〕特性を持つ」（113）と考えれば、うまく説明できるかもしれない。一そのものが多を持つ、とするのです。「塩は辛さと白さを持つ」、と。この説明方式は「塩は辛い」という有論の質的な説明の仕方とは異なる。「辛さ」という特性は、「辛い」という質が反省されたもので、そのことが「辛さ」という名詞で表現されている。

　しかし、「辛さ」を持つという点では、塩は砂糖と区別されるが、「白さ」を持つ点では砂糖と区別されない。そこで、考えを逆転させてみよう。特性の方が自立的なもので、物はそれらの集合にすぎない、と考えるのです。(c)「物は〔複数の〕素から構成される。」（117）つまり、「塩は辛さと白さを持つ」ではなく、「辛素《からそ》と白素が塩を構成する」と説明する。「素」と訳したのは der Stoff であり、それ自体特性を持った元素と考えてよいだろう。物はさまざまの素から構成され、物の違いはその組み合わせに基づく。この説明方式は、物の本質が素の量的な違いにあるとするもので、これが近代科学の量的世界観です。

しかし、素による説明にも欠陥がある。一つの物は多くの素からなり、各素は自立的である。すると、塩は辛素・白素・尖素から成るというとき、各素は混じり合うことができないことになる。精神現象学の「知覚」章にも同じ議論があった。各素は浸透し合うが合一することのないように、それぞれの素には穴が穿たれていると強弁するのです。辛素の穴に白素が入り込み、白素の穴に辛素や尖素が入り込む。しかし、これは無限進行に陥り、一と多の矛盾は解決されない。では、なぜ世界は物から成るという物的世界像は失敗に帰したのか。その理由は、物を実存と考えた点にある。そこで次に、物は実存ではなく、仮象であり、現象するものと考え、世界を現象の総体だと見なす第二の世界像が現れます。

第二章　現　象（法則）

第二の世界解釈を法則的世界像と呼ぼう。物は仮象にすぎず、その現象の変化のなかに、変化せずに同一性を保っているものがある。それが法則《ゲゼッツ》 das Gesetz である。現象（多）を法則（一）によって措定された《ゲゼッツト》ものと考えるのです。こうすれば、物における一と多の矛盾を解消させることができる。ヘーゲルは「現象は多くの異なった内容を含みつつも単純に自己と同一である。この同一性は、現象の交替の内にありながら恒常であるもの、すなわち現象の法則である」（127）と言う。

現象の法則の例として挙げられているのは落下の法則、$S=\frac{1}{2}gt^2$ です。この法則を構成しているのは、空間（S）と時間（t）です。落下運動を構成する空間と時間は共存することができる。塩では辛素と白素は自立的だから、他が存在しない場所にあるだけで、共存できなかった。しかも現象のモメントである空間と時間は法則が措定したものであり、両者の同一性が等号によって明らかにされている。この法則的世界像はまことに見事な説明方式です。しかしこれにも欠陥がある。ヘーゲルは「法則の国は実存する世界あるいは現象する世界の静止した模像である」（131）と言う。

　現象の模像としての法則は精神現象学で「第一法則」と呼ばれたものです。一般には、現象を量によって形式化する科学法則を指している。これは現象の内部における変化や運動を法則として上手に表示するのだが、法則の国と現象の世界とが対立したままになっている。そのことを、ヘーゲルは法則が（世界の）静止的模像にすぎないと表現したわけです。そこで、「第二法則」が考えられる。例えば、磁石の法則「同名の極は反撥し、異名の極は引きつけ合う」がそれです。S極とN極は相互関係を離れては意味がない。両極は互いに相手の極の被措定有である。法則を構成する二つの極そのものが「変わりやすさと変化のモメント」（135）を獲得している。落下の法則では空間と時間は固定したままであったが、第二法則では法則自身が変化を内包しているのです。

　第一法則の世界像はプラトンやカントのものだろう。現象界と「即かつ対自的に存在する世界」、あるいは感覚界と「超感覚界」（136）という二世界説です。それに対して、第二法則では、「即かつ対自的に存在する世界」（法則）自身も変化するのであるから、法則は現象の内部にあることになる。世界は「実存の全体であり、それ以外には何も存在しない」（136）ことになる。このように二つの世界が区別されないのであれば、「現に存在しているものは、自分を二つの全体へ、つまり反省された全体と直接的な全体へと、反撥する一つの全体である」（139）ことになる。ここに新しい世界像が生まれる。世界は二つの「全体的な」項の関係（相関）によって成立するという説明方式です。

第三章　本質相関

本質論は全体としてさまざまの関係の論理を展開する領域です。存在者は関係の網のなかで把捉されうるとする立場に立つことです。ただし、ヘーゲルは関係の論理に満足しない。むしろ、関係の論理は相対的な事柄しか理解できないから、彼はそれを克服しようとする。相関は形式論理学では対当といわれる二者の関係です。本質論は三つの相関を含んでいます。既に述べた反省相関と、これから述べる本質相関、そして第三篇「現実」で扱われる実体相関です。

三つの相関を区別するポイントは、相関を構成する両項の統一がどこに現れるか、この点にあります。反省規定の相関を以前は「父：子」の実在的対立によって説明したが、今は「正：負」を例にしよう。５㎞の道を東に進むことを正《プラス》とすれば、西に向かうことは負《マイナス》となる。この相関は５㎞の道を抜きにしては考えられない。両項の統一は両項の外部にある５㎞の距離といういわば絶対値にある。それに対して、これから説明する本質相関では、反省相関とは違って、両項自身が実存を持っている。しかしそれらの統一は措定されておらず、統一は両項の外部にある「関係 Beziehung」（142）として現れるにすぎない。この関係が何であるかによって、以下に述べるように、「A．全体と諸部分」、「B．力とその現れ」、「C．外と内」の三つの相関が考えられるのです。これらは両項の相互依存と自立との矛盾を展開するものであり、最後の「外と内」において矛盾は解消される。そして、第三篇「現実」にある実体相関が初めて両項の統一を措定するのであり、その統一は「絶対者」と呼ばれます。それについては後に述べよう。

予め述べると、「全体と諸部分」は第一章で扱った「物と素」（物が全体で素が諸部分）と、「力とその現れ」は第二章の「法則と現象」（法則が力で現れが現象）と、そして「外と内」は反省論にあった措定と前提とを含む絶対反省と、論理的には同じものです。ただし、本質相関は両項の統一である「関係」に注目するのであって、物や法則を相手にするものではない。本質相関は「関係」として現れてくる世界全体を解釈する世界観なのです。

A．全体と諸部分の相関

この相関は、全体が自立的なもので諸部分はそのモメントにすぎないと考えるいわば全体的世界観と、その逆に部分こそ自立したものであり全体はその総和にすぎないとするいわばアトム的世界観との争いです。ヘーゲルはいずれも誤りだと言う。この二つの世界観は結局はトートロジーに陥り、無意味なものとなるからです。全体的世界観は全体が部分に等しいと主張する。しかし、全体が諸部分の一つ一つに等しいわけではなく、諸部分の総和に等しいというのだから、結局、全体は全体に等しいと言っているだけです。アトム的世界観は逆に部分が全体に等しいと主張する。しかし、各部分が全体の内のそれに対応する部分に等しいのであって、結局は、部分は（全体の内の）部分に等しいと言っているにすぎないのです。

B．力とその現れの相関

全体と部分との間にはそもそも相関は成立しなかった。項のどちらか一方のみを自立的なものと考えてしまったからです。そこで次に、相関の両項は自立的に実存しているのではなく、依存し合っており、互いに相手のモメントとなっているとする世界観、力とその現れの相関が考えられる。いわば力学的世界観です。

ヘーゲルがここで取り上げる力 die Kraft は、後に出てくる威力 die Macht（内から湧き出てくる力）や暴力 die Gewalt（直接的なものを破壊する力）と明確に区別しなければならない。力の場合は、それが働くためにはその外部にありそれを誘発させるものを前提せざるをえないのです。ただし、前提されるものはもはや物ではなく、それも力です。力は誘発する、しかしそれが誘発するものであるのは、他の力によって誘発されることが必要です。精神現象学で「二つの力の戯れ」として語られていたものが、ここでは「誘発」という相互規定によって展開されている。この誘発する力と誘発される力との相関は、私たちに親しい現象です。例えば、愛することと愛されること、支配することと支配されること。

C．外と内の相関

力は外部を持たざるをえなかった。また、する（能動）とされる（受動）という差異が残されていた。この差異を止揚するのが、外と内（の一致）を考える、いわば絶対者的世界観です。能動と受動との齟齬は、次のように考えれば、なくなるだろう。力には誘発する力と誘発される力という二つの力があるのではない。一つの力が自らを表す活動の際の、自分の「内」と自分の「外」という表面的な違いがあるにすぎない。力が外に現れることは、内なる力の活動そのものである。したがって、外は内である。

このように世界の現象を、外と内との区別とその同一と見る世界観は、世界を無規定的な絶対者の現れだと考えるものです。存在しているのは「絶対的な事柄」（155）だけである。外と内は自立的な二つの項ではなく、一つの本質の二つのモメントにすぎない。したがって相関は止揚される。現象とは本質（内）が自らを外に現し出したものであり、内がそのまま外であるならば、本質は自分のすべてを開示している。本質はすべて外に出ている。このすべてが現れ出ている存在を現実と呼ぶのです。これが次の篇の主題ですが、外と内とは内容的にも形式的にも区別されないのだから、現実はまず無規定的な絶対者として現れます。

十一　現　実

現実とは、ここに今在り、在るがままにあり、在るべくしてある存在者の総体であり、その活動のことです。現実の存在にはもはや現象と本質、外と内の区別はない。すべてが白日の下に顕わである。すべての存在者が自己となり、絶対的に在る。したがって、この「現実」に到達したことにより、存在の旅は終わり、存在論である大論理学はその使命を終えている。それでもなお語りうることがあるならば、それは存在について語ることではなく、存在が自ら語り出すことである。そのような存在の自己叙述を、ヘーゲルは開示 Manifestation あるいは解釈（陳列）Auslegen と呼ぶ。解釈とは潜んでいる事柄を外に出すことであり、事柄のありのままを私たちへ現わすことである。開示とは隠れている事柄を手に取るように明らかにすることである（病徴の内に病原が顕わになっているように）。

現実とはプロティノスの知性界に当たる。そこではノエーシス（知性）とノエートン（知性が把握するもの）は一つである。そして、ノエートンそのものが働き、現実態《エネルゲイア》であるから、神を見ることは神が見ることである。現実が在るべくしてあるとは、他の在り方が不可能であり、それが必然的だということを意味する。しかし、それは自己の内で必然であるのだから、それを遮る他者は存在せず、それは自由である。この必然にして自由であるもの、これがプロティノスの一者であり、ヘーゲルの場合、次巻の「概念」にほかならない。

第一章　絶対者

絶対者とは、この章の長い注からもわかるように、スピノザの「実体 substantia」のことです。彼は実体を神とも呼ぶが、神はこの世界の外あるいは内のどこかに或るものとして存在しているのではない。スピノザは現実の存在の全体がそのまま絶対者・実体・神であると言うのです。ヘーゲルの絶対者も存在の全体であるが、しかしヘーゲルは、スピノザは実体の属性と様相を数え上げただけで、実体が存在の全体ならば、自らを属性や様相へと展開すべきなのに、その運動を示していないと批判する。フィヒテも、スピノザの「自己原因 causa sui」という実体の定義には、自己を措定する活動が欠けていると批判する。この点で二人のスピノザ批判は一致している。

A. 絶対者の解釈 die Auslegung des Absoluten

絶対者は無規定的な「絶対的事柄」であった。そこからどのようにして規定性が考えられるだろうか。実体から属性と様相はいかにして解釈されるのだろうか。実体とは、スピノザによれば、「それ自身の内にありかつそれ自身によって考えられるもの、言い換えればその概念を形成するのに他の概念を必要としないもの」（『エチカ』第一部定義三）です。ヘーゲルはこれを「絶対的同一性」の規定と見なす。しかし、この定義を反省してみると、絶対者は全く無規定なものではなく、同一性という「規定性の内にある絶対者」(165) である。したがって、それは規定されることになり、相対的な絶対者となる。これはやや形式的で強引な議論の進め方だと思うが、この規定された絶対者が絶対者の属性である、とヘーゲルは言う。

B. 絶対的属性 das absolute Attribut

スピノザでは、実体は延長と思惟という二つの属性を持っている。ヘーゲルは絶対者自身が属性となる、と考える。「属性は相対的にすぎない絶対者である。」(166) ところで、そのような属性は、絶対的同一性である実体の内では、止揚されるものであり、「それ自身空なるもの」、「外的仮象」、「単なるありよう Art und Weise」(167) であるにすぎない。こうして、属性の相対性と空虚性から、実体の「ありよう」すなわち様相が導き出される。

C. 絶対者の様相 der Modus des Absoluten

スピノザは様相を定義して、「個物は神の属性の変状、あるいは神の属性を一定の仕方で表現する様相にほかならない」(『エチカ』第一部定理二六の系) と言う。ヘーゲルはこの定義を批判して、「絶対者が自分の外に出てしまっており、有の可変性と偶然の内で自分を見失い、自分に帰ることなく、対立し合うものに移行している」(167) と言う。ヘーゲルにおいては、内はすべて外になっているのだから、様相(個物)は「外として措定されている外」(167) です。絶対者は、様相においてすなわち自分の外において、自己と一致しているのであり、様相とは絶対者自らが措定した自分自身にほかならない。「様相の真の意味は、それが絶対者自身の運動であることにある。」（168）そこで、絶対者とは何か、と問われたならば、絶対者は働きそのものである、自らの様相（有の可変性と偶然性）のなかで、自己へ帰る運動そのものである、と答えるべきです。

第二章　現　実（様相のカテゴリー）

絶対者は自らを様相として開示し、そのなかで自己に帰る、この運動の全体にほかならない。様相の内で自己の全体を開示する絶対者とは、アリストテレスの言う現実態《エネルゲイア》のことです。ヘーゲルは、その絶対者の現実態を、三つの必然性の進展として明らかにする。必然性とは絶対者が自分と一致していることであるから、その三つの在り方は、絶対者の自己一致の進展過程として描かれる。

様相には一般に、可能性 die Möglichkeit、現実性 die Wirklichkeit、必然性 die Notwendigkeit の三つのカテゴリーが考えられる。これらは、カントのように、認識の確実性を表すものではない。絶対者には対象と認識者の区別はもはや存在しないのだから。これらは、絶対者（現実性）が自己との一致（必然性）を順に開示してゆく過程、自己へ帰る道であると考えるべきです。したがって、この章は「形式的必然性」「相対的必然性」「絶対的必然性」というように必然性の三つの様相に分かれている。ところで、私は三つのカテゴリーの内で最も重要なものは可能性だと思う。可能性は一般に「自己矛盾しないものはすべて可能である」と表現される。これは「形式的可能性」（177）です。しかし、私たちが今立っている場は、現実の境地すなわち存在のすべてが開示されている場です。したがって、可能性も単に形式的なものであるのではなく、可能もまた現実的である、これが様相論で最も重要な視点です。ヘーゲルはこの現実的である可能性を「可能的にすぎぬもの *nur* ein Mögliches」（177以降に頻出）と呼ぶ。彼は常に **nur**（すぎぬ）の語を強調しているから、その意味を考えなければならない。

私はこれをとりあえず「非可能」と訳しておこう。ただ形式的に可能なもの、例えばキマイラのようなものは頭では考えられるが、存在することが不可能なものです。非可能はそれとは違う。それは現実に存在するのです。一例を挙げよう。私たちが人生の岐路に立って、右に行くか、左の道を採るか、決断を迫られるとき、いずれを選択するか、その選択は形式的可能性ではない。ヘーゲルの言葉で言えば、それは「当為 das Sollen」（177）としての可能性である。その選択は現実に深く関わるものであり、非可能とは現実の内にありながら未だ現実になっていない、しかし現実を覆しうるものとして、「今はまだ可能的であるにすぎぬもの」のことだろう。とてもあり得ぬことだが、現実に可能的に在る（在った）ことです。非可能が具体的には何であるか、は後に説明するが、これは青年ヘーゲルを悩まし、また哲学に向かわせることになった、現実の内にある直接性、すなわち「実定性 die Positivität」から発想されたのではないか、と私は考えている。

さて、ヘーゲルは可能・非可能・現実の三つの様相カテゴリーを使って、必然性の進展を三つの推論として説明している。推論は概念論で思惟の形式として述べられるもので、ここでその先取りがなされている。細かい議論は概念論にまわし、その要点だけを述べる。推論は三つの概念からなるが、最も重要な概念は媒概念です。これが推論全体の根拠となる。推論を「小概念－媒概念－大概念」と表記しよう。これはヘーゲル独特の表記です。結論（「小概念－大概念」）の根拠である媒概念（以下の表記で圏点を振る）に注目していただきたい。

A．偶然性、あるいは、形式的な、現実性・可能性・必然性

これは「現実－可能－非可能」の推論であり、カント哲学の世界のことです。結論は「現実は可能的にすぎぬもの（非可能）である」です。現象界（現実）と叡智界（非可能）との媒介が主観的カテゴリー（可能）によってなされているだけなので、現実は形式的必然性（偶然性）としてしか捉えられていない。

B．相対的必然性、あるいは、実在的な、現実性・可能性・必然性

「可能－現実－非可能」の推論。これは経験論の立場です。必然性の媒介は実在的な現実、「多くの特性を持つ物、実存する世界」（181）によってなされる。しかし、小前提「現実－可能」からして、その実在的現実を成り立たしめるものは可能的なもの、存在のいわば諸条件の整合性にすぎない。したがって、世界は相対的な必然性にすぎない、と考えられている。

C．絶対的必然性

「可能－非可能－現実」の推論。これがヘーゲルの立場です。結論は「可能は現実である（現実となる）」、つまり絶対的必然性です。では、根拠（媒辞）である非可能とは何か。「可能的にすぎぬもの」と

は偶然なものである。ヘーゲルは「必然性とは自らを偶然性と規定する働きそのものにほかならない」（187）あるいは「偶然性こそむしろ絶対的必然性である」（189）と言う。〈存在者〉の偶然が〈存在〉の必然を、現実を生み出すというのです。偶然が必然を生み出す場面は、自然ではありえず、歴史の場においてです。ここからは私の思いつきにすぎない。偶然的存在者とは何か。ヘーゲルの言う「非可能」とはイエス・キリストの出来事（肉化と死）ではないか。それはあり得ない事柄である。しかし、現実の根拠はこの出来事（非可能）の内にあり、これを理性的に把握することによって、現実は必然として理解されてくる。（委しくは拙論「とてもありえぬこと」参照）

第三章　絶対相関（関係のカテゴリー）

絶対相関はカントでは関係カテゴリー（実体と偶有、因果性と依存性、相互性）と言われる。「絶対的」とは自己関係の意味であり、前章の様相の推論を通して必然性となった実体（絶対者）自身の内なる二者の関係が問題とされる。ヘーゲルは、「絶対的必然性は必然的なものそのもの das Negative でもなければ、ある必然的なもの ein Negatives であるのでもなく、必然性そのこと die Negativität であり、端的に反省であるところの有である。これを相関という」（190）と言っている。つまり、実体は何らかの存在者ではなく、関係であり、厳密に言えば、自己との絶対的な関係における活動のことです。

A. 実体性の相関 das Verhältnis der Substantialität

この相関は、実体とそれの諸偶有 die Akzidenzen との相関です。以前の「本質相関」にあった三つの相関を思い出してほしい。「全体と部分」、「力とその現れ」、「外と内」ですが、これと絶対相関とは内容的に同じです。つまり、実体は諸偶有の「全体」であり、「力」であり、「内面」です。逆に、諸偶有は実体の「部分」、「現れ」、「外」ということになる。しかし、ここは現象ではなく、現実の場面だから、相関は絶対的（自己関係的）であり、偶有は絶対者自身にほかならない。偶有は実体の仮象なのです。「実体は自己を仮象となす働きの内で自己と同一であるのだから、実体は相関の全体であり、偶有をそれ自身の内に含んでいる。偶有もまた実体の全体と異なるものではない」（192）。

実体と偶有とが同じである絶対相関と以前の本質相関との違いは、例えば力とその現れを例に取ると分かる。実体は、他から誘発されて誘発するものとなる「力 die Kraft」ではない。実体は「絶対的な威力 die absolute Macht」（193）となっている。威力は絶対的（自己関係的）であるから、相対的な力とは異なる。威力は現実の全体（すなわち、実体にして偶有であるもの）を一挙に可能性へと移し替えてしまうか（世界の終末）、可能性を全面的に現実性と為すか（世界創造）、そのような全体的な働きです。

B. 因果相関 das Kausalitätverhältnis

偶有が実体の全体であるならば、偶有は「それ自身だけで存在する、威力を持つ実体」（194）であることになる。威力を持つ実体である二つの偶有の関係が、因果相関と呼ばれます。例えば、「雨が湿気を生む」と言うとき、雨が原因で、湿気がその結果である。ただし、雨と湿気が別の二つの存在者ではないことに注意しなければならない。原因と結果は、同一の実体の二つの偶有と考えなければならないのです。したがって、原因は自らを生むのだから、自己原因 causa sui です。この点で、原因は、産出能力を持たない「根拠」や誘発されるものである「力」とは、明確に区別される。

ヘーゲルが考えているのは、原因と結果という関係のなかで、活動としての実体がいかにして必然性を獲得するか、ということです。そのことが「形式的因果性」、「規定された因果性」、「作用と反作用」として順に展開される。まず「a. 形式的因果性」を見てみよう。絶対的威力である実体を形式的に考察すると、実体は偶有を自らの被措定有（結果）として措定するものです。そして、「結果は原因の内に含まれないものを含むことはなく、逆に原因はその結果に含まれないだろうものを何一つ含まない」（197）。したがって、「雨が湿気を生む」というのは、ただ「水が水を生む」と言っているにすぎない。

形式的因果性は「与えられた内容」（「直接的実存」（201））をただ外部から分析するだけの「主観的悟性がなす同語反復的考察」（198）であるにすぎないのです。この同語反復に陥らないようにするためには、ある一つの直接的実存に即して因果関係を考えればよい。これが、「b. 規定された因果相関」（実在的因果性）です。雨という直接的実存に注目してみよう。雨は湿気の原因であるが、台風に対しては結果であり、さらに台風の原因は……、と原因の探求は無限に続く。これが「原因から原因への無限背進」（203）です。他方、湿気に注目してみれば、湿気は雨の結果だが、それは黴の原因でもある。これは、風が吹けば桶屋が儲かるのように、「結果から結果への無限前進」（203）です。こうして同語反復は免れたのだが、今度は無限進行に陥ってしまった。

　この無限進行を避けるにはどうしたらよいか。湿気を例に取ってみよう。湿気は雨の結果であり、同時に黴の原因でもある。ここに、湿気というある直接的実存の内で、原因と結果の同一性を見ることができる。しかし、この同一性は必然的なものではない。以前、実存（物）は多数の規定を持っているが、それらの規定同士が関係することはない、と言った。湿気は原因（雨）と結果（黴）とをただ互いに無関係な規定として持っているにすぎない。では、この実存の直接性を止揚すれば、この同一性が明らかになるのではないか。

　そこで、原因と結果とを実体の自己関係として捉え直す必要がある。これは先の形式的因果性に戻ることでもあるが、実体は偶有を措定するだけではなく、偶有に制約されてもいる、と考えることです。これが、制約的因果性としての「c．作用と反作用」です。原因⇅結果の相互関係です。結果とは、原因が原因であるために、原因自身が前提するものであり、原因の自己を制約するものである、と考えるのです。前提する実体は「作用する実体」であり、前提される実体は制約するものとしての「受動的実体」です。これによって原因と結果との同一性、相関の必然性が明らかになるはずです。

　しかし、作用する実体や受動的実体によって、ヘーゲルはどのような因果相関を考えているのだろうか。以下は、私の解釈にすぎない。エンチュクロペディーに「絶対精神は……因果性の反省規定における絶対的威力として、天地の創造者である」（§567）とあるから、作用する実体は創造する神と考えてよいだろう。解釈が難しいのは、受動的実体とは何かということです。ここでは受動的実体が直接的実存として現れている。私は先に、「実存の直接性が止揚されれば」と言った。この止揚は「暴力 die Gewalt」によって為されるべきことである。「暴力は威力の現れあるいは外的なものとしての威力であ」（206）り、作用する実体は暴力を振るう。受動的実体は、これは作用する実体の自己として実体自身が前提したものだが、作用する実体の暴力を蒙らざるをえない。実存の直接性を止揚しうるものは、同じく直接的（外的）である暴力以外には不可能なのだから。この直接的実存すなわち受動的実体とは死すべき人としてのイエスではないか、と私は考える。そう見れば、「受動的実体は、暴力を蒙ること〔死〕によって初めて、それが真実にそうであるところのもの〔神〕として措定される」（207）という文が理解できる。

C．相互作用 die Wechselwirkung

因果相関は直接的実存を前提して成り立っていた。形式的因果性はその直接的実存を外部から分析するものにすぎなかった。実在的因果性では、原因と結果の同一性が他の直接的実存の内に探究されただけであった。制約的因果性は受動的実体を前提せざるをえなかった。したがって、因果相関においては原因と結果の同一性はいずれにしろ相関の外部に求められており、その必然性は即自的なものにすぎないのです。

相互作用は実体の内的必然性としての同一性を開示するものです。これは因果相関を内部から読み替えたものなので、その詳細は省くが、相互作用において必然性は自らを開示して「自由 die Freiheit へ高められる」（210）のです。必然性と自由は対立するものではない。しかし、必然性を認識することが自由をもたらすのでもない。それはスピノザの立場です。ヘーゲルにおいては、様相のカテゴリーを説明したときに述べたように、あるいは直前で受動的実体にふれたように、偶然的なものの内にこそ必然性が見られるのです。偶然が自由であるとは、自由を自律的なものとして捉えるのではなく、自己の他在（偶然）において自己と一致することと考えることです。このことが相互作用において確認されている。こうして新たな国が開かれてくる。「主体性すなわち自由の国」（212）、概念論です。

概念論

概念とは何か。家の概念は何か、と特定の対象についてその概念（表象や徴表）を問うのは容易だが、概念そのものは何か、について答えることは難しい。ヘーゲルは概念そのものについて「発生的に説明」(5)している。概念は客観的論理学の最後の「実体」のカテゴリーから発生した。実体は相関としての活動そのものであり、対立物の内でのみ自己自身と同一となることである。これが反省の終着点であった。実体が実体であるのは（自己同一）つまり実体の即かつ対自有は、それの被措定有の内にこそある。この実体の即かつ対自有と被措定有との統一が「開示された」(6)もの、これが概念です。

このことを言い換えれば、概念は自分との単純な関係にあることが同時に規定されていることでもある、全体であることが同時に全体のモメントでもある、と表現できる。概念は自己を展開する entwickeln ものである。展開という活動は有にも本質にもなかった働きです。有は変化する、つまり他者に丸ごと移行する。本質は他者と対立する、つまり他者に反省する。概念にも他者はあるが、それは概念自身が自らを展開させるためのモメントにすぎない。展開は生物の発生を考えてみれば分かりやすい。植物の胚には植物の全体が既に含まれていて、成長とはそれが分化すること、即自的に含まれていたものが現実となることである。したがって、概念は自己を展開するなかで、自己自身のもとにとどまり続け、内容的に新しいものが付け加わることはなく、ただ形式的な変化が起こるだけである（エンチュクロペディー§161補遺）。そこで、概念とはそれの展開の過程 Prozeß そのものにほかならず、その意味で内容と形式とが一致しているもの（これは「方法 Methode」と呼ばれる）のことである。この点は最後の「理念」（第三篇）において述べよう。

ヘーゲルは概念を着想するとき、カントの「統覚の根源的‐綜合的統一」つまり「私は思惟する」という働きを念頭に置いていた。私が或るものを概念する begreifen とは、対象を我が物となしそこに浸透し、対象を私の形式の内に取り入れることである。この点が直観や悟性によって或るものを理解する verstehen こととの違いである。理解の場合、対象はその働きとは別に即かつ対自有のままにあるが、概念されると、対象は概念の被措定有に変わる。そして、対象は思惟の内で初めて即かつ対自有となるとされるのです（16）。

この即かつ対自有が措定されたものが「客観性」（第二篇）です。第一篇「主観性」は概念の主観的在り方、つまり思惟の活動を扱う。これは形式論理学のヘーゲル的解釈です。主観性はまた思惟の成果が客観的妥当性を持つことを証明するものでもあるから、カントの言葉で言えば「カテゴリーの超越論的演繹」でもあります。

十二　主観性

第一章　概念

概念には三つの規定（普遍的概念 der allgemeine Begriff・特殊的概念 der besondere Begriff・個別 das Einzelne）がある。注意すべきことは、概念には普遍・特殊・個別の三つの種類があると考えてはならないことです。概念は、普遍・特殊・個別を通してあくまで一つです。概念の普遍は抽象的なものではなく、自らを規定する具体的なものなのです。ヘーゲルは普遍の例として自我、それからルソーの「一般（普遍）意志」を挙げている（エンチュクロペディー§163補遺）。ルソーの全体意志は多数の意志の集約として抽象的なものだが、他方、一般意志は意志の働きそのものであって、そこから特殊な意志としての法律が自ずから生まれると考えられている。普遍は自らを規定する。その規定されたものが特殊である。しかし特殊と普遍は区別されない。概念は全体として一つなのだから。普遍が自らを特殊と規定したならば、普遍も特殊となる。逆に言えば、その特殊は普遍である。特殊が普遍であるならば、それはさらに自らを特殊化する。その特殊化の終端が個別です。

ヘーゲルは、「普遍・特殊・個別は、抽象的に取れば、同一・区別・根拠と同じである」（エンチュクロペディー§163）と言う。もちろん概念規定と反省規定とは異なるのであり、その違いは概念規定はそれぞれが他の規定を内に含んでいる点にある。普遍は特殊と個別を、特殊は普遍と個別を、個別は普遍と特殊を、自らのモメントとして含んでおり、それぞれが全体であり、互いに媒介し合う。この「絶対媒介」（34）が概念規定の特徴です。

ただし、概念として重要なのは普遍と個別です。自我としての概念は一切の規定を解消されるものとして自分の内に含んでいるのだから、普遍です。しかし自我は、他者を排斥する絶対に規定されたものとして、自己自身に否定的に関係するものであり、その意味で個別です（13）。（ヘーゲルは上記のように個別だけには「概念」の語を付けていない。一般に考えられる意味での概念は普遍と特殊だけであって、個別はそのような抽象性を脱した行為的なものと言える）。この個別としての自我の内で概念は措定される。自我の思惟を通して、普遍・特殊・個別は思惟の概念規定となる。概念規定としての普遍・特殊・個別、――それらを今後その頭文字を取ってA・B・Eと書くことにする――、これらは規定されたものだから、それらはすべて概念の特殊として存在している。この概念の特殊な在り方が措定されると、次の判断となる。判断とは概念の特殊な在り方のことです。

第二章　判断

判断は一般に、二つの概念（主辞と賓辞）を「主辞ハ賓辞デアル」というように、「……ハ……デアル」の語（繫辞）によって結合するものと考えられている。しかし、ヘーゲルの考えは違う。判断においてもあくまでも概念は一つなのだから、判断は二つの概念の結合ではなく、一つの概念が自分を二つに分割することです。判断は、その語 Urteil からして、「根源的に一なるものの根源的分割 *ursprüngliche Teilung*」（60）ということになる。判断とは一つの概念が自らを主辞と賓辞という二つの直接的なものに分割することであり、それらを媒介するものが繫辞です。

ヘーゲルは判断を大きく四つに分類し、さらにそれぞれを三つに分け、計十二個の判断を考えている。１定有の判断（a肯定判断、b否定判断、c無限判断）、２反省の判断（a単称判断、b特称判断、c全称判断）、３必然性の判断（a定言判断、b仮言判断、c選言判断）、４概念の判断（a実然判断、b蓋然判断、c確然判断）です。この分類は基本的にはカントの「判断表」と同じです。しかしヘーゲルは、この十二の判断は、一つである概念がこの順に自らを展開する過程であり、展開し切れば判断の形式は止揚される、と考える。判断形式が止揚されるとは、主辞と賓辞との区別がなくなることです。その結果、概念の実在性は繫辞（デアル）に移ってゆく。順にこれらの判断を見ていこう。

定有判断とは、主辞が定有（或るもの）である判断であり、賓辞の内に概念の三つの規定（A・B・E）が表される判断を言う。１ａ肯定判断、「このバラは赤い」（E–A）。この判断に表現されていることは

「赤いバラ」（このもの）があるということだけです。しかし、「赤い」という普遍はこのバラにだけ適用されるものではない。このバラの赤さは特殊なものです。したがって、肯定判断は本当は**E–B**でなければならない。しかし、この特殊はバラの具体的性質を表していない。バラには赤い以外のさまざまの性質があるのだから。そこで、１ｂ否定判断、「バラは赤くない」が生まれる。注意すべきことは、否定判断の否定は繫辞を否定するのではなく、賓辞を否定していることです。**E≠B**ではなく、**E–〜B**です。繫辞を否定するならば、バラは「赤」ではないが、別の色を持っていることになり、肯定判断に戻ってしまう。そうではなく、否定判断はEはBではないこと、つまりEがEでありまたAであることを言表している。これが、１ｃ無限判断、「このバラはこのバラである」（E–E）です。しかし、これはもはや判断とは言えない。

けれども、定有判断は無用なものではない。そこでは、概念の三規定のすべてが賓辞の位置を占めたことが分かる。主辞の側から言えば、主辞が賓辞の内で自分の三つの規定を措定したことを意味する。したがって、主辞はもはや感覚的個物（このバラ）ではなく、自己に反省したものとなる。反省判断は主辞が反省的なものであり、賓辞が反省規定であるものです。反省判断はカントの量の判断に当たる。ヘーゲルはそれを賓辞が反省規定であり、概念が、主辞の個別（単称）・特殊（特称）・普遍（全称）を順に経巡る判断であると考える。２ａ単称判断、「この植物は薬になる」（E–A）。賓辞（薬）は、肯定判断の賓辞（赤い）とは異なって、病気一般と関係する反省的な規定です。しかしこの判断は否定される。植物のすべてが薬用ではないのだから。そして、否定は今度は、賓辞に向かうのではなく、主辞に向かい、「このものでないものは普遍である」(~E-A) となる。「このものでないもの」とは「いくつかのもの」であるから、「いくつかのものは薬になる」(B-A)、これが2b特称判断である。しかし「いくつかのもの」とは無規定なものであり、より適切に表せば「すべてのこのもの」です。これが、2c全称判断、「すべてのこのものは薬になる」(A-A) である。ただし、主辞の普遍はこのものをただかき集めたものであり、反省的な普遍、すなわち共通性にすぎない。

さて、賓辞も主辞も概念の三規定を巡り終えたのだから、両者の違いはなくなり、概念の展開の場は繋辞に移る。繋辞において概念の客観的妥当性を開示するのが、次の必然性の判断と概念の判断です。必然性の判断は概念の妥当性を形式的に証明するものであり、概念の判断はそのことを内容的に明らかにするものです。

3必然性の判断はカントでは関係の判断と呼ばれる。関係は本質論の「絶対相関」で既に考えられたから、それと必然性の判断を対応させることができます。3a定言判断は実体相関に、3b仮言判断は因果性の相関に、3c選言判断は交互作用に対応する。

4概念の判断は、概念の妥当性を形式的に証明した必然性の判断をさらに内容から見て確証するものです。したがって、4a実然判断は定言判断に、4b蓋然判断は仮言判断に、4c確然判断は選言判断に、というように両判断を対応させることができる。概念の判断は、カントにおいては、様相判断、「判断の内容には何ものも加えることなく、ただ思惟一般に関する繋辞の価値だけに関係する」（純粋理性批判 A74）ものに該当する。ただしヘーゲルにおいては、思惟の主観的価値ではなく、概念の客観的価値が問題にされている。様相はすでに本質論で扱われたものだが、ここでは、繋辞に表される概念の価値が問題になる。例えば、「この家は住みやすいものである」という実然判断は、「このバラは赤い」という肯定判断と形式的には違わないが、「住みやすい」という賓辞は主辞（家）の概念に関わっている。概念の判断とはこのように価値判断のことです。

もともと繋辞「デアル」（有）は空虚なものであった。しかし、概念の三規定は賓辞と主辞の内を巡り終え（主辞と賓辞の区別を止揚し）、さらに概念の判断において、今や繋辞の内で概念の実在が満たされているのである。この「充実した繋辞」の運動が次の推論です。ただし、繋辞は推論においては媒辞として現れる。

第三章　推　論

ヘーゲルの推論は形式論理学の三段論法（大名辞・小名辞・媒辞の三つの概念からなる間接推論）を思弁的に解釈したものです。思弁的とは、三段論法の形式を借りて、概念が実在化してゆく過程を探る、思惟と存在との一致を見出すという意味です。ヘーゲルがイェーナ大学に職を得るにあたって提出した「就職テーゼ3」は「推論は観念論《イデアリスムス》の原理である」（2-533）というものです。また大論理学にも「すべてのものは推論である」（110）、「すべて理性的なものは推論である」（104）という言葉がある。推論は媒介を行うものであり、しかも媒介そのものが自らを止揚する媒介（これを私は絶対媒介と呼びたい）であるから、推論が生み出すものは「媒介の止揚によって現れ出た直接性、有」（149）であり、この有が次篇の「客観性」です。

絶対媒介については、例えば結婚（あるいは神と人との仲保者としてのイエス・キリスト）を考えると分かりやすい。見知らぬ男女（大名辞と小名辞）は仲人（媒辞）の媒酌によって結婚にこぎつける。結婚が成立したら仲人は口を出さぬ方が結婚生活はうまく行く。媒辞は大名辞と小名辞とを結びつけるものだが、結論には姿を現さない、媒辞は消えてゆくのです。媒介 Vermittlung の語には、媒辞 die Mitte は消える（接頭辞の ver- が意味すること）、自己止揚の意味がこめられている。この推論による絶対媒介は見事な論理です。しかし、推論（三段論法）は真理を探求するものではなく、真理が既に与えられている場合に使用されるものであり、形式的な論理です。後に述べるが、この点で、推論は探求の論理である弁証法より劣っています。

推論には、A 定有の推論 der Schluß des Daseins、B 反省の推論 der Schluß der Reflexion、C 必然性の推論 der Schluß der Notwendigkeit の三つがある。定有の推論は、媒辞が初めは直接的な定有にすぎないように見えるのだが、実際は媒介されていることを示すものです。反省の推論は個別と普遍の反省的統一を展開するもので、本質の水準にある推論です。必然性の推論では、個別と普遍の反省的統

［第１格］	［第２格］	［第３格］
M －Ｐ（大前提）	Ｐ－ *M*（大前提）	*M* －Ｐ（大前提）
Ｓ－ *M*（小前提）	Ｓ－ *M*（小前提）	*M* －Ｓ（小前提）
∴Ｓ－Ｐ（結論）	∴Ｓ－Ｐ（結論）	∴Ｓ－Ｐ（結論）
Ｅ－Ｂ－Ａ	**Ｅ－Ａ－Ｂ**	**Ｂ－Ｅ－Ａ**

一である即自的普遍が自らを媒介して具体的普遍になる、その進展が叙述される。この具体的普遍が次の「客観性」です。

推論の本質は絶対媒介にあるから、それを明らかにすべきここでは定有の推論に限って説明しよう。まず一般の三段論法の格について説明します（第４格は除く）。三段論法は、大前提、小前提、結論、以上三つの判断（命題）からなる。結論の主辞を小名辞（Ｓ）、賓辞を大名辞（Ｐ）と呼び、大名辞を含む判断を大前提、小名辞を含む判断を小前提と呼ぶ。そして、二つの前提に現れるが結論には現れない名辞を媒名辞（Ｍ）という。媒名辞は隠れた形で結論の根拠となっているものです。形式論理学では、媒名辞が前提のどこに位置しているかによって、上のように三つの格を区別する。Ｍをイタリックで表わす。

形式論理学は、各判断の量と質を考慮して、第1格ＡＡＡ式（すべての判断がＡ判断、すなわち全称肯定判断であるもの）などと称するが、ヘーゲルでは判断の持つ量と質という性格は既に止揚されているので、式による分類は考慮されない。

さて、ヘーゲルによる格の表記は大変簡潔なもので、上表のゴチックのように表される。名辞の区別はその位置によって、左から「小名辞（Ｓ）－媒名辞（Ｍ）－大名辞（Ｐ）」の順で示されている。ヘーゲルの第1格Ｅ－Ｂ－Ａを見てみよう。

小名辞が個別（E）・媒名辞が特殊（B）・大名辞が普遍（A）の推論である。なぜ概念の三規定がこの位置を占めるのか。それについては次のように考える。一般に判断において、賓辞の方が主辞より外延が広い。そこで、S∧MはSがMより外延が狭いことを意味するとすれば、第1格の大前提はM∧P、小前提はS∧M、結論はS∧Pである。そこで、第1格はS∧M∧Pである。したがって、Sは外延が最も狭くEであり、Pは最も広くA、MはBとなり、推論のヘーゲル的表式「S－M－P」に概念の三規定を入れれば、第1格は「E－B－A」と表記できるのです。

　第1格を見てみよう。大前提B－A、小前提E－B、いずれも前提であるから、直接的な判断である。そのB－Aの直接性を止揚するためには、つまり媒介されたものとするためには、二個の前提が必要となる。さらにその二個の前提を媒介するにはそれぞれ二個の前提が必要となる。このように無際限の前提が必要となる。E－Bに関しても同じことが言える。三段論法の欠陥は、このように前提されたものから出発する点にある。それは前提された真理を展開するだけだから、真理の探究は無際限の進行になってしまう。では、ヘーゲルはこの欠陥をどのようにして克服しようとするのか。

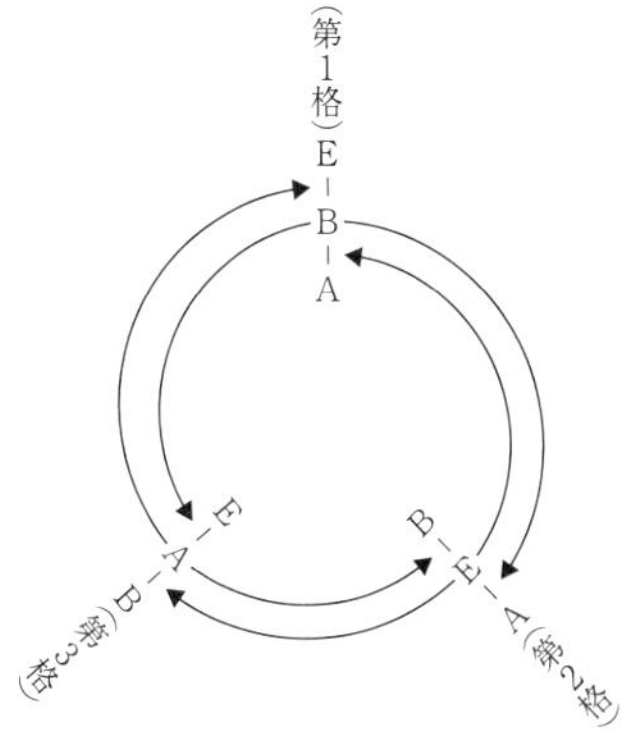

　上の図を見ていただきたい。ヘーゲルは、三つの格が実は相

互に前提し合うものであることを明らかにする。第1格大前提のB－Aは第2格の結論B－Aであり、第1格小前提のE－Bは第3格結論のE－Bであり、二つの前提は他の格によって媒介されている。他の格の前提についても同じことが言える。私はこのように前提が相互に前提し合う様子を「相互前提の円環」と呼びたい。前提は直接的なものに見えるが、実は相互前提の円環によって媒介されているものであることが分かる。定有の推論は、直接的なもの（定有）と見えるものが実際は他の格によって媒介されていることを示すのであり、「媒介に関わる媒介」（123）と呼ばれる。

十三　客観性

ここで言う客観 Objekt は、主観―客観という意識の志向的関係のなかで主観に対立している対象のことではない。主観に対立する意味の客観は精神現象学によって既に克服されている。大論理学は主観と客観との合一をエレメントとして始まったのだから。では、客観とは何か。私たちは芸術作品や社会組織について「客観的だ」と評することがある。その評価は、その作品や組織が統一がとれており完璧だという意味である。ヘーゲルはその意味で、客観を「即かつ対自的に存在しているもの das Anundfürsichseiende」（155）と言うのです。客観は他者を必要とせず、それ自身の内で完結しているもののことです。有と本質はそれ自身で完結してはいなかった。有は自分の外部に自分がそれへと移行してゆく他者を持っていたし、本質は自分の内部に自らである他者を持たざるをえなかった。

客観は主観（概念）が自らを現実化したものです。カントは、客観は判断を通して演繹されると考えた。しかし、その客観は物自体という質料を前提しており、演繹は完璧ではない。それに対して、ヘーゲルは推論を通して主観の直接性を止揚して、概念を客観的なものとしたのです。推論は概念の三規定を自ら内で止揚し、その推論の働きそのものをも止揚した。この推論の絶対媒介を通して、概念自身が客観となった。つまり、思惟と存在との一致が実現された。この諸客観からなるいわば世界システムが「客観性」と呼ばれるのです。

第一章　機械論

最初の世界システムは機械論、「A 機械的客観 das mechanische Objekt」から形成されるシステムです。ヘーゲルは、機械的客観の例として、原子（アトム）ではなく、ライプニッツのモナドを考えている。機械的客観は他の客観とはいかなる関係も持たず、諸客観は互いにばらばらであり、その意味で無規定なものです。しかし、客観であるのだから「即かつ対自的にあるもの」であり、すべての規定を内に含んでいる。アトムは単に全体の一部分にすぎないが、モナドは他のモナドに無関心でありながら、全体を鏡のように自らの内に映し入れ、無規定でありながらすべての規定を持っているのです。これは矛盾しているが、この矛盾はここ機械論では次のようにして止揚される。個々の客観は互いに無関心であるが、それらを統括するシステム、宇宙のようなものを考えれば、諸客観は宇宙の一成員として互いに関係づけられている、と。客観自身は機械的に存在するものですが、世界をそれらから成るシステムと考える、これがライプニッツの予定調和説の立場です。

機械的諸客観の関係は「B 機械過程 der mechanische Prozeß」と呼ばれる。これと因果関係とは異なる。原因と結果は実体のモメントにすぎず、原因は結果の内で消えてしまった。原因も結果もまだ「即かつ対自的にあるもの」すなわち客観ではないのだから。それに対して、機械的客観同士の関係は、因果関係ではなく、伝播 Mitteilung です。伝播とは香りや気分がそこはかとなく伝わることだが、伝える客観は他の客観に気分を伝えた後にも、客観として存続している。ヘーゲルは伝播の例として、熱や磁気、さらに共同体の慣習を挙げている（163）。社会の慣習は、成員である客観に、香りが伝わるように、知らぬうちに静かに浸透してゆくのです。

しかし、一つ一つの客観は「即かつ対自的にあるもの」だから、意に沿わぬ力が伝播して来ると果敢に抵抗する。けれども、その力は客観を包む全体なのだから、客観はそれに屈服せざるをえない。客観の抵抗は屈服を経験する。自立性を主張することが非自立性を招くのです。こうして力は客観に対する「暴力」となり、それを支配する「運命」として立ち現れてくる（167）。例えば、暴力を持って支配する国家が機械的国家と呼ばれるように。

これまでの機械過程を振り返ってみよう。まず初めは客観は互いに無関心であった。無関心

gleichgültigとは「等しく妥当する」の意味であり、客観は抽象的に普遍的なものであった。次に、客観は伝播のなかで特殊なものとなる。そして今暴力を蒙ることによって、客観は内に籠り、個別となった。こうして客観は概念の三規定を巡ったことにより、再び自立的なもの、ばらばらのものとなる。ばらばらの諸客観には、それらを支配すべき自立的な個体が必要になる。これを「中心 Zentrum」と呼ぶ。この中心から、力は今度は「法則（法律）」として、個々の客観に影響を及ぼす。ここにも運命が顔を出すが、それは盲目的なものではなく、「理性的な運命」（169）としての普遍です。

この一つの「中心」に集中する世界システムが「C 絶対的機械論 der absolute Mechanismus」です。ヘーゲルはこれを「自由な機械論」とも呼び、そのとき彼が考えているのは近代国家です。国家は、中心としての「政府」（普遍）と「市民である個人」（特殊）、それから「個人の欲望あるいは外的生活」（個別）、以上の三つの規定からなる推論です。各規定はそれぞれの場面で媒辞の位置を占めうるから、それらの区別は消失して、各規定が全体性を獲得しうる。中心である憲法が市民社会と家庭を支配し、市民社会も家庭もまた全体を媒介するものとなる、そのような近代の立憲国家を、ヘーゲルは考えていたのであろう。

第二章　化学論

第二の世界システムは化学論です。機械的客観は他の客観に無関心であったが、「A 化学的客観

das chemische Objekt」は「他者へ関係」(175) することがその本質です。絶対的機械論は、中心から各客観へ、いわば上下の関係で、影響を伝播させるものであった。そこには客観同士の横の関係が欠けていた。この横の関係は、以前化学について述べたときの中和の概念によって理解できる。中和を世界システムの原理とするのが化学論です。

　化学的客観同士の関係は男女関係を例に取れば分かりやすい。二つの客観、男と女は「緊張している」(176)。機械的客観に緊張はありえないが、化学的客観は常に緊張し合っている。緊張するとは、客観の自立性が関係性の内で求められているということです。男と女の「性関係」(175) は宿命的にそういうものだと思う。この緊張を解消するのが「B(化学的)過程 der Prozeß」です。もし両者が抵抗なく結合するならば、客観は自立的でなかったことになる。結合しないならば、両者は孤立したままで、機械的客観にすぎない。そこで、両者の間に第三者を入れて、中和を促すものが化学的過程である。ヘーゲルは、化学的過程について、中和をおこなう第三のものを媒辞とする三つの推論を考えている。その叙述はあまりにも簡略で、私は十分に理解できないのだが、彼の言うことは、この中和を促すべき媒辞が無規定なものであるから、媒辞に自己止揚を期待できず(絶対媒介が不可能であり)、その結果、諸客観の独立を再確認することに落ち着く、ということだろう。

　化学論についてのヘーゲルの記述は僅かなので、この位にして、これまでの経過を振り返ろう。絶対的機械論にあった中心的客観は自己の外に他の諸客観を持っており、それ自体個別的客観にすぎなかった。化学論の中和的客観は無規定なものであるから、自分を特殊化することができず、諸客観を自己の内に合一することに失敗する。この二つの世界システムが破綻したのはなぜだろうか。諸客観を統一するものが同じ客観であったからです。そこで、諸客観を統一するものは主観的なものであると理解すれば、失敗しないのではないか。諸客観を統一するものは自らを客観化する主観的なものだと考える、これが次の「目的」の概念です。

第三章　目的論

第三の世界システムは目的論です。アリストテレスは目的原因と運動原因とを区別した。目的原因は運動をその究極目標へと引きつける力であり、運動原因はいわば後ろから圧す力である。近代の自然科学は運動原因のみを取り入れて、運動を量的に捉えることに成功した。では、排除された目的原因はどこに行ったのか。それは、私たちの主観的活動のなかで考えられ、私たちの主観的目的を達成するための手段となった。

カントは二つの目的論を構想し、その違いを次のように説明している。

> われわれは結果を〔自然の〕目的と見なすか、それとも結果をさらに別の原因の合目的的な使用のための手段と見なすか、いずれかである。後者の合目的性は（人間のための）有用性、あるいは

また（他の一切の被造物のための）有益性と呼ばれ、いずれにしろそれは相対的合目的性にすぎない。それに対して、前者の合目的性は自然の存在者の内的合目的性である。（判断力批判、アカデミー版367）

「自然の存在者」とは生命を持つ有機体のことです。カントは「内的合目的性」を「自然目的」とも呼んでいる。ヘーゲルは目的論のこの区別、すなわち相対的合目的性（外的合目的性）と内的合目的性との区別を、カントから引き継いでいる。しかし、カントは「それ自体自然目的であるような事物の概念は悟性や理性の構成的概念ではなく、反省的判断力の統制的原理である」として、内的合目的性の概念を主観的で統制的な格率にとどめた。それに対し、ヘーゲルは内的合目的性が外的合目的性の真の姿であると考え、その内的合目的性を生命として実在化させるのです。

目的論の叙述は、「A主観的目的 der subjektive Zweck」、「B手段 das Mittel」、「C実現された目的 der ausgeführte Zweck」からなっている。AとBの節は外的合目的性を、Cは内的合目的性を説明するものです。機械論で諸客観を統一するもの（「中心」）はそれら客観の外部にあった。目的論では客観を統一するものが主観的目的として主観の内部に移される。次に、この主観的目的が客観の一つを手段として、自分の意図を実現させようとする。その実現過程は推論によって理解される。これが技術に典型的に見られる外的目的論です。しかし、外的目的論には形式と内容の齟齬という重大な欠陥がある。その欠陥は、形式と内容が一致している存在すなわち生命の内に見出される内的目的論によって克服される。ただし、生命そのものはもはや推論によって捉えることはできない。推論より優れた論理、弁証法によって理解しなければならない。それは次篇の「理念」で詳述される。

A　主観的目的

目的を抱く主観について、ヘーゲルは「創造者としての知性 Verstand」（182）とか「世界の外にいる知性」（183）と表現しているので、世界創造者としての神を考えているのだろうが、外的目的論においては超越的人格を表象する必要はない。時計は目的に従って時を刻むのであり、それを作った主観は職人である。カントの場合、その主観は「あたかもある知性がわれわれの認識能力を助けて［諸客観の目的論的な］統一を与えてくれるかのように」（188）想定されているだけなのだが、ヘーゲルは、神であれ職人であれ、その主観が客観的に存在すると考えるのです。したがって、「目的関係とは、客観を通して自分を自分自身と連結させる、自立的で自由な概念［主観］がおこなう推論である」（188）。

私が目的ないしは意図を持つとき、その目的は形式的に普遍です。どんな意図も持ちうるのだから。しかし、その意図を実現しようとすると、私は客観に関わらざるをえない。意図は限定され、内容的に特殊となる。主観的目的においてはこのように形式と内容との間に緊張がある。では、目的が実現されたもの（成果）は目的とどこかが異なるのか。成果は客観、つまり「即かつ対自的に存在するもの」です。目的と成果との関係は、原因と結果との関係とは異なる。成果は客観だから、目的は成果を自分に対抗するものとして前提せざるをえないのです。

主観的目的の運動は、目的にとっての前提すなわち客観が有する直接性を止揚して、その客観を概念によって規定されたものとして措定することである。（191）

したがって、主観的目的の活動は、前提（客観）の直接性を概念によって措定されたものとすることにある。この概念化された客観あるいは客観化された主観的目的、これが手段です。そこで、外的目的論の推論は「目的－手段－成果（客観）」で表すことができる。

機械論は諸客観のばらばらの状態であり、化学論は二つの客観の緊張状態であった。それに対して、目的論においては、推論、自己媒介が現れてくる。ヘーゲルは、主観的目的の推論 *Schluß* を次のように説明している。掛詞（*schließen*, 閉じる）に注意していただきたい。

否定的一者〔主観的目的〕は〔自己を〕排斥する個別者であるが、そのように排斥するものであること *Ausschließen* によって決意する sich ent*schließen*〔自己を開く〕、あるいは〔自己から出て客観へと〕向かう auf*schließen*。（192）

B　手段

「目的－手段－成果（客観）」の推論を見てみよう。小前提（ヘーゲルは「第一前提」と言う）「目的－手段」

は、主観がその目的に適った手段（道具）を利用することを意味する。大前提（「第二前提」）「手段－客観」は手段（道具）が目的を達成するために客観の内へ介入することを表現している。しかし、この推論では媒辞（手段）が恣意的で形式的であることが分かる。ある手段が目的実現の媒辞とされるのは、主観的目的が自分に都合の良いものを手段として措定したからにすぎない。稲を育てるために（目的）、鋤（手段）を使って田圃（客観）を耕す。しかし、鋤ではなく他の道具を使うこともできる。手段は目的にとって外面的にすぎないのです。

ヘーゲルは、道具の使用は人間の優れた知恵であり、「目的が自らを客観との間接的な関係に置き、自分とその客観との間に別の客観［手段］を割り込ませる、これは理性の狡智と見ることができる」（196）と言う。「割り込ませる」ことができるのは、手段が目的にとって外面的なものだからであり、そうして手段は任意に客観との機械的関係に入りうるのです。もし道具を使わずに、主観が客観と直接に関係するならば、機械論におけるように、両者は互いに自立したものとして、「暴力」の状態に陥るであろう。「目的は一つの客観を差し出して、自分の代わりに、この客観に外面的労働をあてがい酷使させ、この客観を消耗させつつ、自分はその背後に隠れて機械的暴力から逃れ自己を保存している」（196）。

たしかに道具の使用は理性の狡智であり、主観は暴力の側面を手段に預けて自分は傷つくことはない。しかし、手段がなければ目的は自己を維持することも実現することもできないのであるから、手段の方が目的より優越しているとも言える。「鋤は、鋤によってもたらされた目的の実現である享楽

「飲み食い」よりも尊い。直接的享楽は消え忘れ去られるが、道具は残る」（197）。これは精神現象学の「主人－奴隷－物」の推論に似ています。

先に外的目的論の推論「主観的目的－手段－成果」には、形式と内容との不一致という欠陥があることを指摘した。この結論「主観的目的－成果（客観）」は、小前提「主観的目的－手段（客観）」と同じく、主観が客観に直接に関係することを表している。したがって目的と成果はたまたま結合したのであって、媒介されているのではない。さらに推論の各項に関しても、形式と内容の不一致という欠陥を指摘することができる。「主観的目的」内部においては、概念の無限の形式と概念の特定の内容とが一致していない。「手段」では、目的の形式的活動と手段が持つ特定の内容とが一致しない。「成果」の内では、目的の形式と客観の内容とが外面的に対立している。このような不一致や対立は、先の（主観性章の）推論では、概念の三規定が推論の三格の媒辞の位置をすべて経験すること（相互前提の円環）によって解消されたのだが、それは形式的に解消されただけであって、ここ客観性章では概念の内容を考慮しなければならないのであるから、この対立は推論によっては解消されない。

もう一度、小前提「主観的目的－手段（客観）」を見てみよう。目的は主観であり、手段は客観であるから、ほんらい目的が直接に手段に関わることはできない。そこでその間に新たな手段を、いわば緩衝材として挿入する必要がある。さらにその間に……と、次々に新たな手段を介入させることになり、無限進行が生じる。大前提「手段－成果（客観）」も同様である。手段と成果はともに自立的なものだから、両者の結合は第三者においてのみ可能である。こうしてやはり大前提も無限進行に陥る。目的は本来「終わりtelos」の意味を持っているのだが、外的目的論の活動は終わることがないのです。

この無限進行は現代の技術社会を象徴しているだろう。目的は実現されず、成果は獲得されず、ただ客観のすべてが手段に化している。客観は目的の意図に従ってただ手段とされる。客観は目的に対して「無力」(194)であり、目的に奉仕するだけである。例えば、家の建築という目的にとっては材木が手段となる。材木は自分の規定(目的)を自分の外部に持つだけであり、自分の存在を磨り減らして目的に奉仕する。そして、目的の実現された成果(家)は他の目的に奉仕するものであり、相対的に目的であるにすぎず、他のものの手段であるにすぎない。外的目的論、つまり目的論の推論による理解は、悪無限的な手段の体系を作り上げるだけで、自由な目的の王国に到達することはできないのです。

C　実現された目的（内的目的論）

推論は概念の形式しか考えておらず、概念の内容つまり概念の否定性を捉えることができない。概念の否定性、概念がその他在を含みながら内容的に自己同一を保っていること、これを把握できる論理は、推論ではなく弁証法です。弁証法は目的の自己否定的活動を明らかにするものであり、それによって生命の内的合目的性がつかまれる。

ヘーゲルは目的論における内容の同一性について次のように言う。

> 目的の内容とは、目的が自分の内へ反省した単純な特殊性としての否定性のことであり、それは目的の形式としてあったあの全体性とは異なる。この単純性（それの規定された在り方が即かつ対自的に概念の全体性である）のゆえに、内容は、目的が実現されてゆくなかで同一的に持続しているものとして、現象する。(197)

「形式としてあったあの全体性」とは、今まで考えてきた（形式的にすぎない）外的目的論の推論のことです。単純なものの「規定された在り方」とは、この推論における目的・手段・成果を指す。目的は形式的には推論におけるように区別されるのだが、しかし目的は内容的にはあくまでも「単純」であり「同一的に持続しているもの」なのです。目的は主観的な意図であり、それを実現するために客観的な手段を用いて成果を上げようとする活動であったが、内的目的論にはもはや目的・手段・成果の区別はなく、したがって主観的目的そのものもなくなっている。

内的合目的性あるいは（現実に）実現されている目的、これは目的なき目的論と言えるでしょう。内的目的論は諸客観のどれか一つを取り出して、それを目的と考えることではない。客観の全体が一つの目的であり、それが刻々実現されていると考えることです。客観の全体は概念であるから、目的活動とは概念自身の働きであり、他者と見えるものも実際は概念にほかならない。この内的目的論の活動について、ヘーゲルは次のように言う。

> その活動においては、終わりが始まりであり、帰結が根拠であり、結果が原因であり、この活動は生成するものが生成していることであり、この活動の内では、既に実存しているものが実存へと現れ出てくるだけのことである。つまり一般的に言えば、反省の領域〔本質論〕と直接的有の領域〔有論〕に属していたすべての相関規定がその区別を消失するに至ったのであり、終わり・帰結・結果など、〔概念にとって〕他者と呼ばれていたものが、この目的関係においてはもはや他者の規定を持たず、それらはむしろ単純な概念と同一であるものとして、措定されているのである。（198）

「終わりが始まりである」もの、これは生命 Leben です。生命は自分と同じものを生むのだから。このように生命の内に内的合目的性を探ることは、アリストテレスとカントが示唆していることだが、ヘーゲルはさらに生命を概念の自己否定的な活動として捉えたのです。さて、客観性の経過を振り返ってみると、概念は機械論と化学論においては即自的なものであった。外的目的論では主観的目的として、概念は対自的になった。そして内的目的論の生命によって、概念は即かつ対自的なものとなる。この概念が次篇「理念」の主題です。

十四　理　念

第三篇「理念」は、「第一章　生命」、「第二章　認識の理念」、「第三章　絶対理念」と進む。生命は客観性が最後に到達した存在であり、まず理念は「生命」（第一章）として単純で直接的に在るが、次の「認識」（第二章）において主観と客観に分裂する。最後の「絶対理念」（第三章。方法としての弁証法）は、主観と客観とが、つまり概念の自己と他者とが一致することであり、精神の「自分自身を知る絶対知」（211）と呼ばれる。

理念は一般に、ヘーゲルも指摘しているが、「それに近づいてゆくべきものだが、それ自体はどこまでも彼岸にとどまる目標のようなもの」（206）と考えられている。それに対して、ヘーゲルは、現実を理性として捉える形而上学者であるから、理念を現に今生きているもの、生きた過程と考える。過程とは道 hodos の意味を含む方法 Methode のことである。方法は、単なる手順のことではなく、生命をもった真理の道である。彼は、ヨハネ伝 14-6 の「私は道であり、真理であり、生命である」という言葉を、思い浮かべていたにちがいない。

ヘーゲルは理念を二つの規定において考えている。「主観的概念と客観性との統一」（208）と「自己目的、衝動 der Trieb」（209）である。重要なのは、理念を衝動として捉えることです。衝動とは、自らの同一性あるいは一性（自己意識あるいは自我と呼ばれている）を、過程として実現しようとする力のことです。理念は休むことのない活動です。この点でヘーゲルの衝動は、アリストテレスの目的（終わり）を持つ力 energeia よりも、中世末期の静止することのない力 impetus の概念に近いであろう。衝動の価値は自らを超えることにある。したがって、論理学（形而上学）の終わりでは、理念は論理の世界を超え出て自然へと移行するであろう。

　衝動は外部から誘い出される力ではない。内から湧き上がってくる力です。春になると草花は一斉に芽を吹く、その成長力のことです。衝動である理念には他者は存在しない。衝動が自らを実現すべき場である客観性は、衝動にとっては既に空虚であるからです。客観が空虚であるから、主観は衝動する。客観が充実しておれば、主観が衝動を感じることはない。しかし、客観が空虚であることを知りながら、主観はそこでしか自分を実現できない。主観は欠如したものである。主観と客観は、欠如と空虚として、ともに無であるから、その同一性は存在としてではなく、ただ過程としてのみ実現される。理念は自分の欠如を否定しようとして（衝動して）、世界の空虚さを否定する（充実させる）。この否定の否定は理念の自己否定的でかつ肯定的な活動であり、そこにおいて理念は自由である。

　概念は理念の内で自由になるのであるが、その自由のゆえに、理念はまた最も過酷な対立を含んでいる。理念が安らうのは、それが永遠に対立を生み出しつつその対立を克服して、対立の内で

こそ自分自身と一つになるという確信を持ち、それが保証されているからこそである。（210）

第一章　生　命

生命は、始めと終わり、生み出すものと生み出されたものとが同じもののことです。理念は自己否定的なものであるから、直接的にはこの生命の姿をとっている。ただし、大論理学で問題になるのは「純粋理念としての論理的な生命」（213）です。ヘーゲルは生命を、論理的なもの、すなわち概念の三規定（普遍・特殊・個別）とそれらの関係（概念内部・判断・推論）によって理解しようとするのです。生命活動を論理的に表現するヘーゲルの試みは、既にニュルンベルク・ギムナジウムの授業（特に「上級向け哲学エンチュクロペディー（一八〇八年以降）」）で行われ、後にエンチュクロペディーの自然哲学で叙述されているが、それらと大論理学の記述に大差はない。絶対理念の本質である衝動と自己否定的同一性は、生命体においては、直接に目に見える形で現れているのです。

ただ次の点は指摘しておきたい。青年ヘーゲルは生命を愛と結びつけて考えていた。対立するもの、分裂した実定的なものが、愛を通して運命と和解し、一にして全である生命に復帰する、というように。ところが、大論理学では生命は死と結びつけられる。生命の本質は死にあると考えられるようになったのです。エンチュクロペディーには次の言葉がある。「生あるものは死ぬ。生命は即自的には普遍者、類でありながら、直接性においてはただ個体として実存しているという矛盾なのだから」

（§221補遺）。

そこでこの章の第三の過程「C類 die Gattung」を見てみよう。類の過程とは生命個体同士の生殖行為によって生命が次世代に保存されてゆくことですが、この生殖は愛の行為ではない。その行為は、個体は死んで種の生命を残すための「否定的同一性」（227）の働きです。

> この否定的同一性は、一面では個別性［子］を生むものだが、他面では個別性［親］を止揚するものである。……生殖において、生きる個体の直接性は死に至り、この生命の死が精神の誕生となる。（227）

ヘーゲルは生命を死と関連させることによって、自然的生命から精神を導き出そうとしているのです。類の過程、出産と死は、ただ悪無限的に繰り返されるだけです。生殖は子という自然的個体を生み出すだけだから。しかし、類の過程とは親の自然的個別性が死によって止揚されるものであると見れば、そこに精神が生まれているのです。この精神は、次の「認識」章において、主観としての理念と客観としての理念とが一つであることの内に、見出されるものです。

第二章　認識の理念

認識の理念は、「認識としての（A）真の理念と、意志としての（B）善の理念」（211）からなる。

認識の理念は意志の働きをも含んでいるのです。つまり、広義の認識は、所与の対象を把握する単なる知的活動にとどまらず、広く主観と客観の関係一般をいうのです。生命は理念の直接的な在り方であった。生命の真理は個体的存在の死にあり、直接的在り方を止揚することにあった。そうして生命は精神として捉え直されたのであるが、その精神の主観的一面性は真の理念によって、また客観的一面性は善の理念によって止揚されることになる。認識の内で、理念は自らを主観的理念と客観的理念とに分割（判断）して、ともに理念であるもの同士の関係として、「理念は自分自身を対象とする」（228）ことになる。この第二章は上記のように二つの節を持つだけであり、さらに次の第三章は節にすら分かたれていない。ヘーゲルは何かに急かされていたのかも知れない。いずれにしろ、真の理念と善の理念との統一が絶対理念であるから、それがそのまま第三章の内容となったのであろう。

A．真の理念 die Idee des Wahren

理念においては「認識」の対象は自分自身である。外界を見知らぬ他者と考え、それを主観が受容する働きではない。ロックの「実在論」（経験論）のように認識主観は白紙（無規定なもの）であってそこに外界の多様が映し込まれるというのではなく、またカントの「観念論」のように認識主観が客観の多様に形式を与えるものでもない。この二人を、ヘーゲルは分析的認識 das analytische Erkennen の代表者と考えるが、いずれも客観が空虚であること（他者としての自己であること）の自覚に欠けている。つまり、認識が本来衝動であることが理解されていない。

概念の対自的存在に対しては、即自的に存在する世界というものが、概念の前提として、対立している。しかし、世界のこの無関心的な他在は、概念そのものの確実性に比べれば、非本質的なものという価値しか持っていない。したがって、概念はこの他在を止揚して、客観のなかで自分自身との同一性を直観しようとする衝動である。（238）

自らの同一性を客観のなかで直観しようとするこの衝動は、分析的認識に対して、綜合的認識 das synthetische Erkennen と呼ばれる。この二つの認識は弁証法において重要な意味を持つので後にもふれるが、ヘーゲルはおそらくプラトンの分割《ディアイレシス》と綜合《シュナゴーゲー》の考え方（『ソピステス』253D など参照）に影響を受けているのであろう。また、ヘーゲルはカントの分析判断と綜合判断の区別を受け継ぎつつ修正している。カントは、「私は考える」という「根源的統覚」が主観的概念を実在化するものだと考え、「統覚の分析的統一は何らかの綜合的統一を前提してのみ可能である」（純粋理性批判 B133）と言う。綜合的統一とは、「賓辞が主辞の全く外にある」判断、綜合判断のことです。しかし、ヘーゲルはカントの根源的統覚の思想を受け継ぎながらも、綜合判断に関してはカントと違う考え方をする。主辞の外にある賓辞とは、カントの場合は、自我（概念）の外にあるもの、感性的直観によって獲得されるものであるが、ヘーゲルは、綜合判断とは概念が自分自身でもある他者に関わる判断だと考える。彼は自我（概念）について次のように言う。

> 自我は何ものかを、自分か、他の何かを、考える。自我が自分を自分に対立させているこの二つの形式〔自分と他の何か〕、これらは分離されえないものであること、これこそ概念の、そして概念そのものに最も固有な本性に属する。（231f.）
>
> 概念〔自我〕は抽象的に単純なものであるのではなく、具体的に単純なものである。また、抽象的に自分に関係すると規定されるものではなく、自分自身と自分の他者とが一つであるものである。（232）

ヘーゲルの例を挙げれば、自我は単なる路傍の「石」とは異なる（231）。石はそれについて考えたとしても、自我の思惟の内に割り込んでくることはないが、自我は自分を思惟するのだから、思惟された自分はその思惟に（他者として）割り込んでくる。概念（自己思惟としての自我）はそもそも他者としての自己を含むものなのです。その上で、ヘーゲルは分析と綜合を次のように区別する。

> 分析的認識は未だ他在を含まぬ概念の直接的な伝達にすぎず、そこでは〔概念の〕活動はそれが有する否定性を放棄している。……分析的認識は一般に〔肯定的な〕同一性を原理としており、他者への移行や差異するものの結合ということは初めから、認識そのもの、認識の活動から、排除されてしまっている。（241）

それに対して、綜合的認識は、「綜合的なものの有する必然性と媒介は、単に肯定的同一性に根拠を置くのではなく、否定的同一性にその根拠を持つ」(272)と言われる。否定的同一性とは、単なる自己同一ではなく、自らの他者の内で自らと一致することである。したがって、肯定的同一性(分析)が自ずからこの否定的同一性へと移りゆくものであること、このことを認識することが綜合的認識である。最も単純な分析的命題の内にも否定的同一性を見出すことができる。例えば、「有は有である」、これは同語反復で分析的ですが、賓辞の「有」は規定されたもの(他者)であり、「無」との対立を呼び起こす。こうして概念は自らの他者へ移行し、そこにおいて再び自己と合一するのです。

B. 善の理念 die Idee des Guten

真の理念においては、「主観的概念は客観世界から、規定された内容を取ってきて満たされる」(277)のであり、客観が前提されていた。それに対して、善の理念つまり「意志の理念は自己自身を規定するものであるから、内容を自分の内に対自的に持っている」(278)。意志の内容は「理性の事実」であって、真の認識のように外部の客観世界から取ってくるものではない。しかし、カントは意志の形式は問題にしたが(定言命法)、意志の内容は顧みることをしなかった。ルソーの「一般意志」も、それがいかにして実現されるかが考えられていないのだから、やはり形式的なものである。それに対して、ヘーゲルは意志に内容を持たせ、善が実現されるにはどうしたらよいか、を考えるのです。

善の理念は普遍的なものだが、それを実現させようとするとき、主観的衝動の内容(客観)がそれに絡まってくるから、個々の行為は特殊で有限なものとなる。意志の内部に現れるこの主観と客観の対立は、真の理念とは異なって、ともに現実的であるもの同士の対立です。ヘーゲルはこの対立をやはり推論によって解消しようとします。ここに最後の推論が顔を出している。この推論は、主観の考える現実である「透明な思想の純粋空間の内にある主観性の国」と、客観の現実と考えられる「閉ざされた闇の国であるところの、外的多様というエレメントの内にある、客観性の国」(280)とを、つまり透明の国と闇の国とを、「善としての目的」という衝動を媒辞として、結合するものです。

したがって、善の理念の推論は、「主観的現実（透明な思想）－衝動（善である目的）－客観的現実（闇の国）」です。この推論によって、主観と客観との対立を解消できるか、が問題です。ところで、この推論はどこかで見たことがある。そう、手段の悪無限を生んだあの「外的合目的性の推論」と同じ形式を採っている。まず小前提「善である目的－主観的現実」（「善が主観的現実である」）を見てみよう。この判断は、善が意志の内容（主観的現実）を「透明に」支配していることを意味する。つまり、カントの自律道徳の世界です。では、大前提「善である目的－客観的現実」（「善の目的が現実のものとなる」）はどうだろうか。これは、善が小前提において実現された主観的現実を「手段」として、闇の世界に立ち向かってそれを止揚するということです。それができれば、結論「主観的現実－客観的現実」（「主観的なものが客観となる」）が成立する。

しかし、カントにおいてはこの大前提が成立することはない。彼は「魂の不死」を要請するだけで、目的の実現を先延ばしにするからです。この要請という形式の内に、外的目的論と同じように、悪無限が生じてくる。二つの前提、道徳律の定言命法（小前提）と魂の不死の要請（大前提）とを、媒介するものが考えられていないからです。二つを媒介しうるもの、それは、魂の死を超越するものであり、かつ、形式的な主観的目的（定言命法）を制約するものであろう。ヘーゲルはそれをdie Handlungと呼んでいる。何と訳すべきか。個人を超え、主観的な道徳的行為を超えるもの、それは社会的行為あるいは出来事の展開する筋のようなもの、要するに世界史ないしは世界精神のことである、と私は思う。

善の理念はいつか将来に実現されるかも知れないというものではなく、不断に今成就しているものです。つまり、現実のただなかに善は認識されるのです。善のこの現実性を推論によって把握することは失敗した。善は世界精神のようなものによって実現されるのだが、そのとき、善の理念はその純粋な主観性が否定され、また魂の不死性も否定されるのを経験した。主観的善が経験したこの否定によってこそ、善は実現されるのです。この否定的同一性は理念が不断に自らを成就している過程であり、概念の自己運動としての弁証法にほかならない。この弁証法が「絶対理念」の中身です。

第三章　絶対理念

大論理学の最後の章の内容は、通常の論理学と同じく、方法論です。カントの純粋理性批判の最後は「超越論的方法論」であり、ヘーゲルが常に対抗心を抱いていたフリース J. Fr. Fries の教科書『論理

学の体系 *System der Logik*』（1819^{2}）も「授業上の方法」で終わっている。ヘーゲルの場合、方法とは絶対理念のことです。理念は活動なのです。彼は、絶対理念は「理論的認識と実践的認識との同一性」（283）であり、「哲学の唯一の対象にして内容であるものは絶対理念である」（284）と言う。大論理学のこれまでの内容は結局はすべて絶対理念であった。絶対理念はすべてのカテゴリーを「止揚しつつ包含し」てきたが、これまではまだそれ自体としては現れてこなかったのです。ヘーゲルは絶対理念を「根源的な言葉」とも言う。言葉は現れるとともに消えてゆく、現れと消えることとが一つであるからです。言葉の内容は何かと問えば、「無限の形式」、ただ自己へ関係しているものと言うしかない。要するに内容と形式とが一致するもの、ヘーゲルはそれを「方法 die Methode」と呼ぶのです（以上の引用は284f.）。

方法は「概念そのものの運動のことであり」、形式と内容とが一致している概念の運動はいかなる制約も受けないのだから、「端的に無限な威力」であり、いかなる客観もこれに「抵抗できず」、それに「浸透されざるをえない」ものです。そして、「方法は理性の最高の威力、いやむしろ唯一にして絶対的な威力であるのみならず、自分自身を通してすべてのものの内に自分自身を見出そうとする衝動でもある」（以上の引用は286）。この衝動・威力としての方法すなわち弁証法の構造を論じることが大論理学の最後の課題です。

方法が概念の運動であるならば、その構造は「概念そのものの諸規定とそれらの関係」（287）から考えるべきだろう。そうすると、普遍・特殊・個別の諸規定と、概念・判断・推論が思い浮かぶかも知れない。実際、研究者のなかには弁証法を推論の形式として理解しようとする人もいる。しかし推論は、何度も注意してきたように、形式的な媒介であり、内容が何であっても通用するような、抽象的な論理にすぎない。あるいは、推論は単に肯定的な媒介にすぎず、概念の自己否定的な性格（それが内容を生む）に注意を払っていない。先に述べた善の理念も推論による把握に失敗し、否定的同一性の論理が求められたのです。

では、「概念の諸規定とそれらの関係」とは何を指しているのか。有から始まってこの理念に至るまでの存在の旅を振り返ってみよう。概念の規定とは、質→量→度というように、存在の旅のそれぞれの駅《うまや》において姿を見せた、理念の否定態のことです。理念は、規定されてあることすなわち規定性 die Bestimmtheit と、他者 das Andere という二つの様態を通して、その否定的威力を存在者に対して振るってきたのです。ある概念がそれであること、概念の同一性とは規定性のことであり、分析的認識はこの規定性を維持しようとする。しかし、規定されて在ることは他者を含むことであり、この他者を規定性の内に見出すのが綜合的認識の働きです。理念はその歩みのどの駅においてもこの二つの否定態として自らを現してきたのです。ヘーゲルはそのことを論理展開の典型的な場において明らかにする。その場とは、始原 der Anfang と進展 der Fortgang（始原に続くそれぞれの概念の歩み）です。

まず始原を見てみよう。始原は「直接的なもの」（287）であり、「単純にして普遍的なもの」（288）です。ところが、「単純にして普遍的なものであることは、そのように規定されてあることにほかならず、そう規定されるがゆえに、始原は欠陥を有する」（288）。「論理的始原が自分の唯一の内容として持っている無規定性、これが始原の規定性である」（301）（これは第二巻第三篇の「絶対者」の議論と似ている）。では、始原の欠陥はどのようにして克服されるか。「方法は内在的にして客観的な形式であるから〔外部から当てはめる主観的なものではないから〕、始原が直接的であることは始原自身が欠陥を有していることであり、そこでそこに前進しようという衝動が〔それ自身の内部から〕湧き上がってこざるをえない」（289）。理念の威力は、この最初の始原の場面で、前進を促す衝動として現れているのです。

始原の命題、「有は無である」（「有は無規定性という規定性である」）は分析的であるか、それとも綜合的であるか。ヘーゲルはこの命題を分析的にしてかつ綜合的である認識と考える。

> 絶対的認識の方法〔弁証法〕は、始原の普遍者〔有〕のより進んだ規定〔無〕をただそれ〔有〕の内にのみ見出す finden のだから、分析的である。……しかしまた、その方法の対象〔有〕は単純な普遍者であると直接的に規定されており、そのように規定されていることによって、自分を他者〔無〕として示している sich zeigen のだから、この方法は綜合的でもある。（291）

> 判断のこの分析的にして綜合的なモメント、これによって始原の普遍者は、自分自身をそれ自身で、自分の他者であると規定する。このモメントこそ弁証法的なものと呼ばれるべきものである。（291）

　こうして理念の第二の否定的在り方である（自分の）他者が現れる。他者は、概念を始原から前進させ、さらに各概念規定が次の概念規定に必然的に進展して行くことを可能にする。ヘーゲルはその進展の可能な型として、三重法、四重法、三段論法（推論）の三つを挙げるのだが、即座に推論の可能性は否定する。「推論はそもそも内容の本性を規定しない外面的なだけの形式と見なされるのであり、また推論は［単に同等という意味での肯定的な］同一性の悟性規定の内でのみ、形式的な意味でのみ、進行するにすぎないから、そこには弁証法にとって本質的なモメントすなわち否定性が欠けている」（298）。

　ヘーゲルは、弁証法の進展が三重法 Triplizität によって表現されると考える。そこに否定性の働きが明快に現れているからである。三重法とは次の型です。

①「最初の直接的なもの」—②「その他者（「第一の否定的なもの」）」—③「第二の直接的なもの」

①は始原であり、①—②は例えば「有は無である」の判断です。②の内部の判断「第一の否定的なもの—第二の否定的なもの」は「有は無である」と「無は有である」という二つの命題の「関係 Bezhiehung」（295）を表している。ヘーゲルはこの関係を「弁証法の魂」（296）だと言う。
　大切なことは、②の内部の判断「否定的なもの—否定的なもの」においては、二つの否定的なもの（他者）が並立しているのではなく、否定的なものが自らに関係している点にあります。この判断が表

現することは、「それ自身における他者、他者の他者 das Andere eines Anderen であり、それゆえ自分自身の他者を自分の内に含むことであり、それゆえ矛盾するものとして、自分自身が措定されている弁証法である」（296）。

では、③「第二の直接的なもの」とは何であろうか。「他者の他者」は「自己への否定的関係」（296）と呼ばれるが、これが「第二の直接的なもの」にほかならないのです。自己へ関係することとして、その関係自身が直接的なものなのです。否定の外に（否定されるべき）直接性（存在者）があるのではない。否定と直接性（自己関係）は、絶対理念においては、同じものです。理念は直接的なものの内に、否定として存在し、すべての存在を支配する「無限の威力」なのです。エンチュクロペディーでは次のように言われる。

〔絶対理念の内では何ものも〕〔有のように〕移行することなく、〔本質のように〕前提されることもない。そもそもすべての規定性は流動し透明であるから、絶対理念はその内容を自分自身だと直観している概念の純粋な形式にほかならない。……ここで形式として理念に残されているものは、その内容の方法〔理念が歩んできた道〕だけであり、理念の諸モメントの価値を明確に知ること以外にないのである。（§237）

私が諸モメントの「価値」と訳したのは、流通（方法としての道）のなかで考えられる Währung（通貨）

のことであって、物がそれ自体で持つとされるWert（使用価値）ではない。〈存在者〉の価値はそれ自身に内在しているものではないのです。存在者それ自体が価値を持つことはない。存在者は「流動」（〈存在〉の威力）のなかにひとたび存在し、そして現われては消えてゆくものなのです。

（了）

あとがき

本書は、勤務校で行った「西洋哲学特殊講義」（二〇一三年度春学期）の準備ノートを書き直したものである。さぞ退屈な授業であったと思うが、厄介な思弁につきあってくれた学生たちに感謝したい。大論理学の内容をもう少し詳しく知りたい方は、拙著『対話ヘーゲル大論理学』を、また個別問題については『ヘーゲル論理学研究序説』をご覧いただければ幸いである。

今小著を書き上げて、半世紀近くもヘーゲルを勉強してきたのに、かえって疑問が弥増すのを改めて感じている。しかし大論理学研究にひとまず区切りを付けたい。そこでヘーゲル研究でお世話になった先生方について、この場を借りて私的な思い出を記しておくことを許していただきたい。武内義範先生は精神現象学を読まれていた。私は三回生になってその演習に参加した。先生はそのとき「精神」の章に入り、私が大学院を出るときつまり七年後、その章を読み終えられた。博士課程では、酒井修先生の大論理学の演習に出た。たしか「現実」の章と「主観性」の章を読まれていたと思う。大学院を終え、家族を養う生活の糧を見つけねばならない。私は、私のように大学の「現実」を批判する行動をとった者は先生方に就職の世話をお願いすることは慎まねばならないと思った。文学部の事務室に貼ってあった募集広告を見て応募すると、信じ難いことだが勤務校が私を採ってくれた。私の「業績」はイェーナ時代のヘーゲルの志を描いた手書きの貧しい修士論文一本だけであった。

勤務校には知る人はいない。たまたま教養科目の哲学を高桑純夫先生も担当されていた。先生は大学公館と呼ばれた宿舎に週に一度泊まられ、隣の職員住宅にいる私を呼んでは食後の雑談をなさる。昔のことでその内容はほとんど憶えていないのだが、「ヘーゲルの弁証法は三位一体論です」と言われたことは忘れない。留学したミュンヘン大学では、ディーター・ヘンリッヒ先生の「ヘルダリーン、思索と詩作」というゼミに出た。しばらくして中埜肇先生が隣の市に新設された私立短大の学長として赴任されてきた。先生は「新しいヘーゲル選集を考えているが、君は何を訳したいか」と聞かれた。即座に「大論理学です」と答えたが、この企画は実現しなかった。私は先生がご病気であることを知らなかった。亡くなられた後、奥様から大きな段ボール函数個に詰められたヘーゲルのドイツ書が届いた。これは今も私のテクストとなっている。

原稿の提出が三年半も遅れて、編集委員の方々、特に池田善昭先生にはたいへんご迷惑をおかけした。また晃洋書房の井上芳郎さんにはご面倒をおかけした。お詫びとお礼を申し上げます。ようやく脱稿することができて、肩の荷を下ろすことができます。

二〇一三年九月

豊橋にて

海老澤善一

第一章　仮象 Erstes Kapitel. Der Schein

第二章　本質態あるいは反省諸規定

Zweites Kapitel. Die Wesenheiten oder die Rflexionsbestimmungen

第三章　根拠 Drittes Kapitel. Der Grund

第二篇　現象 Zweiter Abschnitt. Die Erscheinung

第一章　実存 Erstes Kapitel. Die Existenz

第二章　現象 Zweites Kapitel. Die Erscheinung

第三章　本質相関 Drittes Kapitel. Das wesentliche Verhältnis

第三篇　現実 Dritter Abschnitt. Die Wirklichkeit

第一章　絶対者 Erstes Kapitel. Das Absolute

第二章　現実 Zweites Kapitel. Die Wirklichkeit

第三章　絶対相関 Drittes Kapitel. Das absolute Verhältnis

第二部　［第三巻］主観的論理学あるいは概念論

Zweiter Band. Die subjektive Logik oder die Lehre vom Begriff

予備的報告 *Vorbericht*［ニュルンベルク、1816 年 7 月 21 日］

概念一般について *Vom Begriff im Allgemeinen*

区分 *Einteilung*

第一篇　主観性 Erster Abschnitt. Die Subjektivität

第一章　概念 Erstes Kapitel. Der Begriff

第二章　判断 Zweites Kapitel. Das Urteil

第三章　推論 Drittes Kapitel. Der Schluß

第二篇　客観性 Zweiter Abschnitt. Die Objektivität

第一章　機械論 Erstes Kapitel. Der Mechanismus

第二章　化学論 Zweites Kapitel. Der Chemismus

第三章　目的論 Drittes Kapitel. Teleologie

第三篇　理念 Dritter Abschnitt. Die Idee

第一章　生命 Erstes Kapitel. Das Leben

第二章　認識の理念 Zweites Kapitel. Die Idee des Erkennens

第三章　絶対理念 Drittes Kapitel. Die absolute Idee

大論理学目次

（章 Kapitel までの目次を掲げる。ヘーゲルは、章をさらに A.B.C.の節に区分し、各節をさらに a.b.c.の項に区分している。全体の三区分（「巻」）は、Teil、Band、Buch の語を用い一定していない。）

初版序文 *Vorrede zur ersten Ausgabe* ［ニュルンベルク、1812 年 3 月 22 日］
第二版序文 *Vorrede zur zweiten Ausgabe* ［ベルリーン、1831 年 11 月 7 日］
緒論 *Einleitung*
　論理学の一般的概念 *Allgemeine Begriff der Logik*
　論理学の一般的区分 *Allgemeine Einteilung der Logik*

第一部　客観的論理学 Erster Teil. Die objektive Logik
第一巻　有論 Erstes Buch. Die Lehre vom Sein ［1812 年及び 1832 年］
　学は何から始まらねばならないか？
　Womit muß der Anfang der Wissenschaft gemacht werden ?
　有の一般的区分 *Allgemeine Einteilung des Seins*

　第一篇　規定性（質）Erster Abschnitt. Bestimmtheit（Qualität）
　　第一章　有 Erstes Kapitel. Sein
　　第二章　定有 Zweites Kapitel. Das Dasein
　　第三章　対自有 Drittes Kapitel. Das Fürsichsein

　第二篇　大いさ（量）Zweiter Abschnitt. Die Größe（Quantität）
　　第一章　量 Erstes Kapitel. Die Quantität
　　第二章　分量 Zweites Kapitel. Quantum
　　第三章　量的比例 Drittes Kapitel. Das quantitative Verhältnis

　第三篇　度 Dritter Abschnitt. Das Maß
　　第一章　固有の量 Erstes Kapitel. Die spezifische Quantität
　　第二章　実在している度 Zweites Kapitel. Das reale Maß
　　第三章　本質の生成 Drittes Kapitel. Das Werden des Wesens

第一部　客観的論理学 Erster Band. Die objektive Logik
第二巻　本質　Zweites Buch. Das Wesen ［ニュルンベルク、1813 年］
　第一篇　自己自身の内にある反省としての本質
　　　　Erster Abschnitt. Das Wesen als Reflexion in ihm selbst

木田　元・池田善昭・三島憲一　編集委員

《哲学書概説シリーズ》全12巻　概要

Ⅰ　デカルト『方法序説』……………………　山田弘明

Ⅱ　スピノザ『エチカ』………………………　河井徳治

Ⅲ　ライプニッツ『モナドロジー』…………　池田善昭

Ⅳ　カント『純粋理性批判』…………………　有福孝岳

Ⅴ　ヘーゲル『大論理学』……………………　海老澤善一

Ⅵ　キェルケゴール『死に至る病』…………　山下秀智

Ⅶ　ニーチェ『ツァラツストラかく語りき』…　三島憲一

Ⅷ　フッサール『ヨーロッパ諸学の危機』‥　榊原哲也

Ⅸ　ホワイトヘッド『過程と実在』…………　山本誠作

Ⅹ　西田幾多郎『善の研究』…………………　氣多雅子

Ⅺ　ハイデガー『存在と時間』………………　後藤嘉也

Ⅻ　メルロ=ポンティ『知覚の現象学』……　加國尚志

《著者紹介》

海老澤善一（えびさわ　ぜんいち）

1945年８月茨城県に生まれる。都立戸山高校卒，京都大学文学部哲学科卒，同大学院文学研究科博士課程満期退学

1973年４月　愛知大学教員となり，哲学と論理学を教える

2016年３月　停年退職、愛知大学名誉教授

2020年10月　逝去

主要業績（ヘーゲル関係に限る）

『ヘーゲルの「ギムナジウム論理学」』(1986年)，『ヘーゲル批評集』(1992年)，『ヘーゲル批評集Ⅱ』(2000年)，『ヘーゲル論理学研究序説』(2002年)，『対話　ヘーゲル「大論理学」』(2012年)，フルダ『ヘーゲル　生涯と著作』(2013年)，『ヘーゲル論理学と弁証法』(2016年)，以上いずれも梓出版社刊.

哲学書概説シリーズ Ｖ

ヘーゲル『大論理学』

2014年２月28日　初版第１刷発行

2025年４月25日　初版第３刷発行

＊定価はカバーに表示してあります

著　者　海老澤善一©

発行者　萩原淳平

印刷者　藤森英夫

発行所　株式会社　晃洋書房

〒615-0026　京都市右京区西院北矢掛町７番地

電　話　075(312)0788番(代)

振替口座　01040-6-32280

ISBN978-4-7710-2510-3　印刷・製本　亜細亜印刷（株）

JCOPY 〈(社)出版者著作権管理機構　委託出版物〉

本書の無断複写は著作権法上での例外を除き禁じられています．複写される場合は，そのつど事前に，(社)出版者著作権管理機構（電話 03-5244-5088，FAX 03-5244-5089，e-mail:info@jcopy.or.jp）の許諾を得てください．